図解　新人コンサルタントが最初に学ぶ
厳選フレームワーク20

本書は、2012年7月に刊行された同名書籍（B5判）を
リサイズ・再編集したものです

はじめに

書店には「問題解決」や「ロジカルシンキング」をテーマとした書籍がたくさん並んでいます。フレームワークのテクニックにフォーカスしたもの、思考の仕方に重きを置くもの、マーケティングやファイナンスにテーマを絞ったものなど、バリエーションはさまざまです。

それらを数冊読んでみると、2つのことに気づきます。

1つ目は、それぞれ切り口は異なるものの、紹介している思考法は、同じテクニックやフレームの焼き直しであること。

2つ目は、基本的なフレームワークを総集編のように網羅した形で編集されたものが、実はほとんどないことです。

本書の特徴の1つは、新人コンサルタントが最初に学ぶ基本的なフレームワークを厳選してご紹介していることです。

執筆に携わったのは、わたしを含め、我が社に所属するコンサルタントから選抜した10名。この10名のコンサルタントで担当したプロジェクトはのべ１００プロジェクトを超え、のべ50年のコンサルティング経験を有するメンバーです。

ご紹介するフレームワークは、その経験から、最も使用頻度が高く、そして実用性の高い20個です。これらを読み通していただければ、フレームワークというツールの主役を網羅したと言えますし、さらに日々のビジネスの課題を整理することに十分対応できるはずです。

コンサルタントって、なんだかすごく仕事ができる賢い人のように見えていたけど、フレームワークを使っていただけだったのか！　という真実（？）に気づくかもしれません。

もう1つの本書の特徴は、「フレームワークって、外資とかコンサルっぽくて自分には関係ない」と思っている方にこそ読んでいただけるよう、さまざまな事例を紹介していることです。中には、飲み会の集客や恋愛にフレームワークを使った事例もあります。

そもそも、フレームワークは目的ではなく、道具です。ビジネスの考え方や整理の「型」なのです。先人たちの知恵の詰まった道具を使って、仕事の効率を上げ、大切な「考える」時間に集中してください。

本書のフレームワークをすべて使う必要はありません。今使えるのは1つか2つでいいのです。でも、仕事で問題に直面したとき、経験のない仕事を急に振られたとき、本書を開いてください。きっと、あなたを助けてくれるフレームワークが見つかるはずです。

いつもあなたのデスクに置いてあって、困った時には開いてみる。本書がそんな存在となれば幸いです。

図解 新人コンサルタントが最初に学ぶ 厳選フレームワーク20

Column

PART 5 練習問題

PART 6 ワークシート集……195

PART1
思考のフレームワーク

LESSON

01

MECE

すべての基本となるフレームワーク

5分。今あなたに5分あれば、本を閉じる前に、この4ページだけでも読んでみてください。

本書は問題解決のための基本的なフレームワークをまとめた本ですが、大げさに言えば、そのエッセンスがこの4ページに詰まっています。

すべてのフレームワークはもちろん、ロジカルシンキングやさまざまな問題解決手法に共通する、基盤となる概念。それがMECE（ミーシー）です。

問題解決に強くなる第一歩は、MECEを理解し、自由に使いこなすことから始まります。逆に言えば、MECEができなければ、どんなフレームワークも活用できません。

さらに言えば、MECEを自由自在に使いこなせるならば、自ら新たなフレームワークを生むことすら可能になります。

下の図を見てください。

A、B、そしてCの3つの要素がぴったりと接し合い、全体として長方形を形作っていますね。

A、B、Cは、それぞれに重複がなく、かつそれらの集合は全体（長方形）を漏れなくカバーしています。この状態がM

MECE（ミーシー）

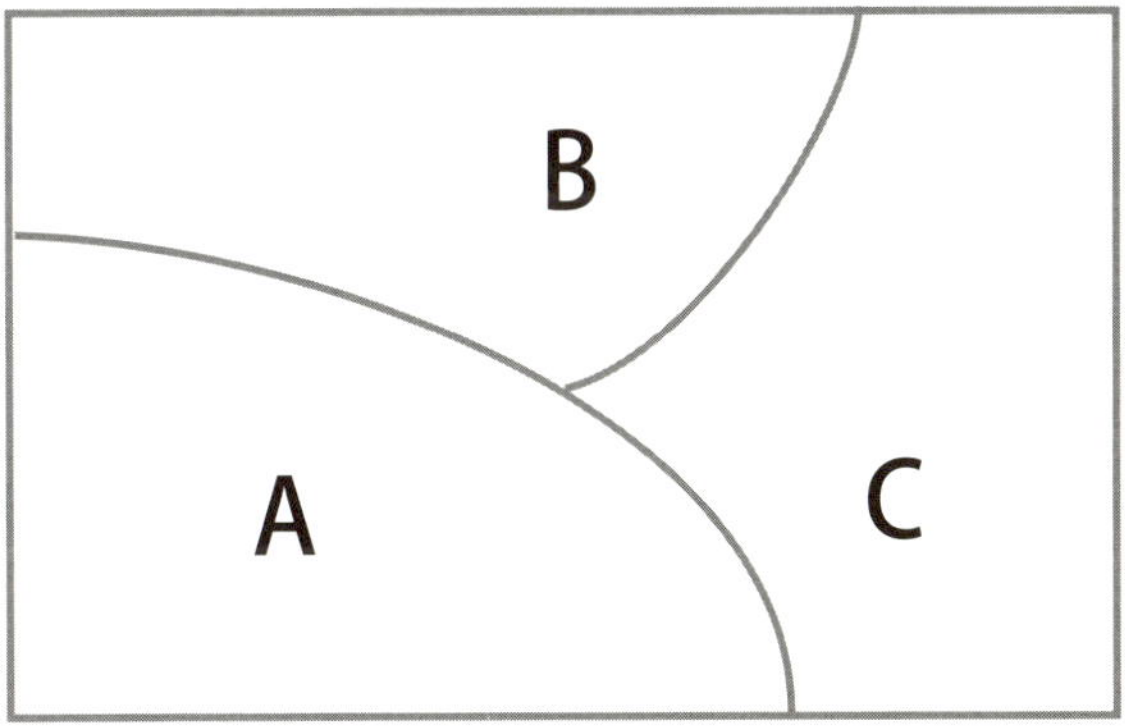

ＥＣＥです。

ＭＥＣＥ（ミーシー）とは、Mutually Exclusive & Collectively Exhaustive の頭文字を取った言葉です。直訳すると「相互に排反しているが、それらの総和は世の中のすべてを包括する」という意味になります。要するに、**「モレなく、ダブりなく」**ということですね。

この**「MECE＝モレなく、ダブりなく」**が、これからこの本で紹介するすべてのフレームワークに共通する大原則となっています。

営業戦略を考えるとき、原因を究明するとき、どんなときも、「抜けモレ」がないか「重なり」がないかをまずは考えるようにしてください。

左ページのＭＥＣＥでない例を見て、なぜＭＥＣＥに考えることが肝要なのか、ご理解いただければ幸いです。

MECEでない例

1．抜けモレがある

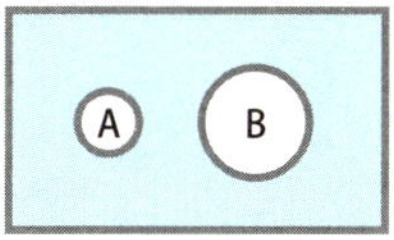

「我が社のデオドラント製品は 30 代の独身女性と女子大学生を狙っているが、ここ数年売り上げが落ちている。どうすれば、これらのターゲットに当製品をもっと売れるだろうか」

議論の対象に抜けモレがあり、MECEになっていません。このままプロジェクトを実施すれば、「この製品の制汗力は、40〜50代の男性にも魅力的だ。同じ商品を新しいターゲットに売り込むことを検討しよう」などの視点が欠落します。

検討を始める前に、解決策の方向性が 1つ に決まってしまっているために、より良い解決策を見つける可能性をつぶしてしまっています。

2．重なりがある

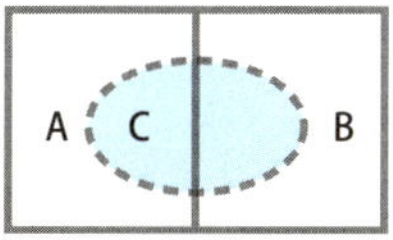

「ウチの店には男性しか来ない。でも、これから女性も狙っていきたい。あとは、若者をどう呼び込むかも悩みの種だ」

MECE に考えるクセがついていれば、「女性の若者と中年以上、男性の若者と中年以上の 4 つに分けて考えるとどうですかね。どの来店客が最も多くて、それぞれ近年ではどう変化していますか」とクリアに現象をとらえることができます。

3．抜けがあり、重なりもある

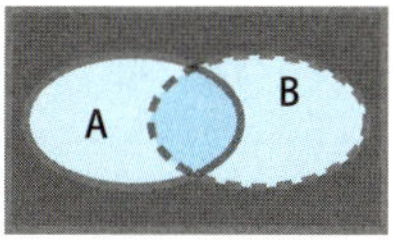

「新商品の販売戦略だが、どの客層に力を入れていくか議論をしたい。これは女性向けの商品だから、『働く女性』『子育てママ』『女子大生』の 3 つを考えよう」

このケースは、モレもダブりもありますね。働きながら子育てをしている女性は、「働く女性」と「子育てママ」どちらにも該当します。一方で、子供のいない主婦はどこにも分類されず、漏れています。

このような状態では、全体を把握できず、部分的な議論になってしまいます。また、ワーキングマザーに最も需要がある商品だとしたら、そもそもターゲットにさえ入っていないため、大きな機会を逃してしまうことになります。

MECE

事例

彼女へのプレゼントをMECEで考えよう！

①彼女へのプレゼントをMECEで考える

「彼女と付き合って3年目。ブランドのバッグ、アクセサリーに、花束……そろそろリストも尽きてきた。今年の誕生日はサプライズな贈り物にしたいな」

「なるほどな。じゃあ、MECEにプレゼントをとらえてみることにするか。まず、今までのプレゼントは、ぜんぶ形に残るものだよな。でもさ、形には残らなくても、その場でばっちりお前の気持ちが伝わるプレゼントもありうるよな」

「そうか、まずは形に残るか残らないかってのがあるな……コンサートとか。でもさ、形に残るものもやっぱり買おうと思うし、両方だとお金がかかるな……」

「じゃ、形に残るけれどお金がかからないものを選べば？　手紙なんかはまさにそれだ」

「確かに。彼女に面と向かってお礼を言ったことないなぁ」

「どこか夜景がきれいな場所にでも行ってさ、ありがとうって伝えなよ。ロマン

付き合って３年目、
サプライズなプレゼントを贈るには

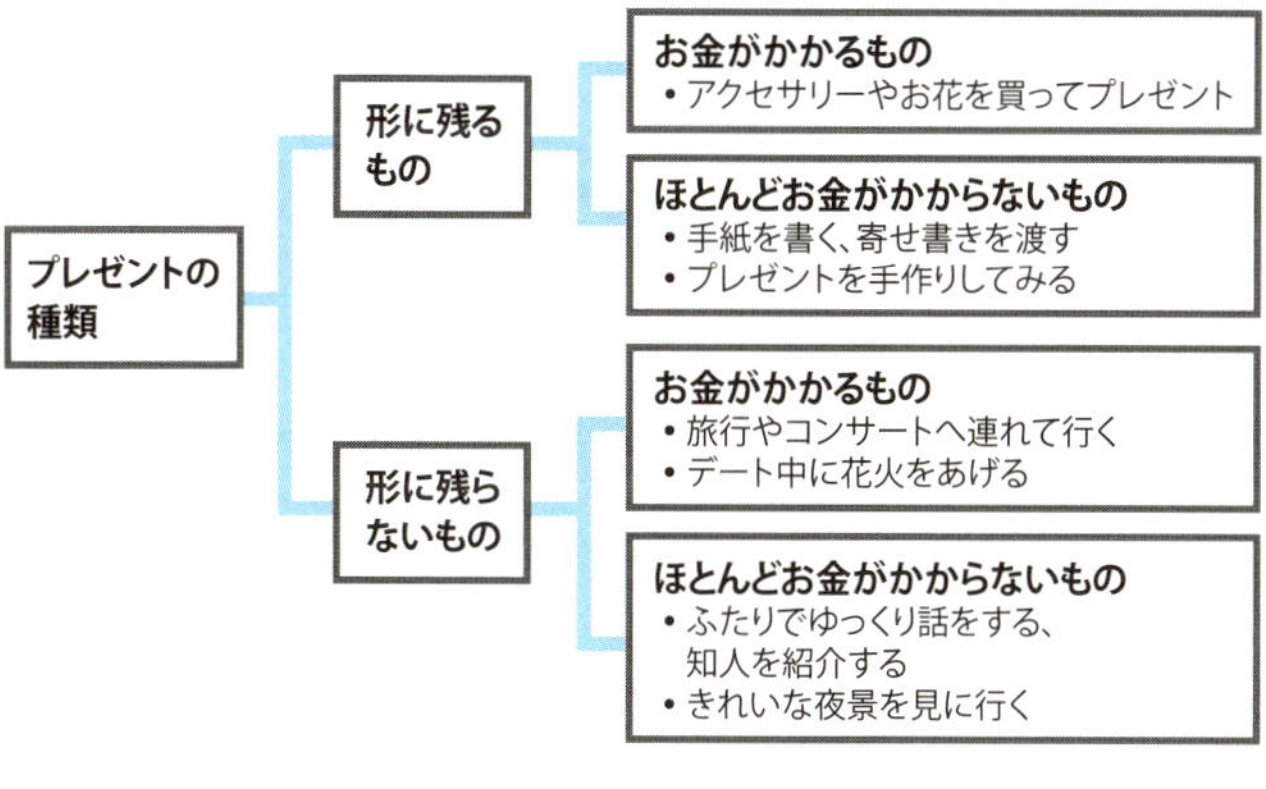

チックだけど、タダだ」

「ガソリン代を考えると、完全にタダってわけじゃないけど」

「お前さ……」

②すべてのフレームワークは、MECEに構成されている

この本で、これから登場するたくさんのフレームワーク。実はこれらはすべて、MECEに構成されています。

また、一見複雑に見えるフレームワークも、MECEという視点から切り取ってみると、単純につくられていることがわかる場合もあります。

たとえば、「アンゾフの製品・市場　成長マトリクス」。

これは、イゴール・アンゾフという経営学者が考えた、企業の成長戦略の方向性を分析・評価するためのフレームワークのことです。

一見難しそうですが、これをMECEという視点で切り取ってみれば、実は「誰

に対して」「どんな製品を」販売することで成長するのか、というとてもシンプルな構造だということがわかります。「対象とする顧客の種類」と「販売する製品の種類」という、たった2つの軸を組み合わせただけだったんですね。

　このように、MECEという武器を身につけておけば、ビジネスでもさまざまな場面で役立つのです。

アンゾフの製品・市場　成長マトリクス

販売する製品の種類＼対象とする顧客の種類	既存顧客	新規顧客
既存製品	**市場浸透戦略** 他社との競争に勝つことによって、マーケットシェアを高める戦略 (例)一般顧客をロイヤルカスタマーへと変えることを目指す。ボリューム・ディスカウントやインセンティブ導入など	**新市場開拓戦略** 現状の製品を、新しい顧客へと広げることで成長を図る戦略 (例)海外展開、新エリアへの展開、もしくは既存製品のネーミングを変えて新ターゲットに販売するなど
新規製品	**新製品開発戦略** 新製品を、現在の顧客へ投入することで成長を図る戦略。既存顧客のニーズをとらえた商品開発を実施 (例)製品に関連するアクセサリー製品の導入、機能の追加など	**多角化戦略** 製品・市場ともに、現在の事業とは関連しない、新しい分野へと進出して成長を図る戦略。既存の強みを活かせるかがカギのひとつ (例)配管メーカーによる医療機器市場への参入など

LESSON

02

空雨傘

当たり前だけどなかなかできない問題解決のプロセス

「『空』は青い。『雨』は降らないだろう。『傘』は置いて行こう」

「空」で現状を把握し、「雨」で解釈し、「傘」で解決策を提示（実行）する。

シンプルかつ当たり前。天気予報や空を見て、毎日、無意識に行っていることです。

これをフレームワークという形に落とし込んだのが、「空雨傘」。これは、問題解決のプロセスそのものと言えます。

英語では以下のように表記します。

①Situation（事実）

②Complication（解釈）
③Resolution（解決策）

とても簡単に見えます。

でも……いざビジネスでのプレゼンや報告では、この思考の流れができていないことが非常に多いのです。

「空」（事実・現状把握）だけのプレゼンでは、「だから何？」で終わってしまいます。

「雨」（解釈）で、把握された状況の意味づけをしなければ、膨大な情報に埋もれ、論理的な判断を下すことができません。また、ここでの洞察が浅いと、安直

空雨傘

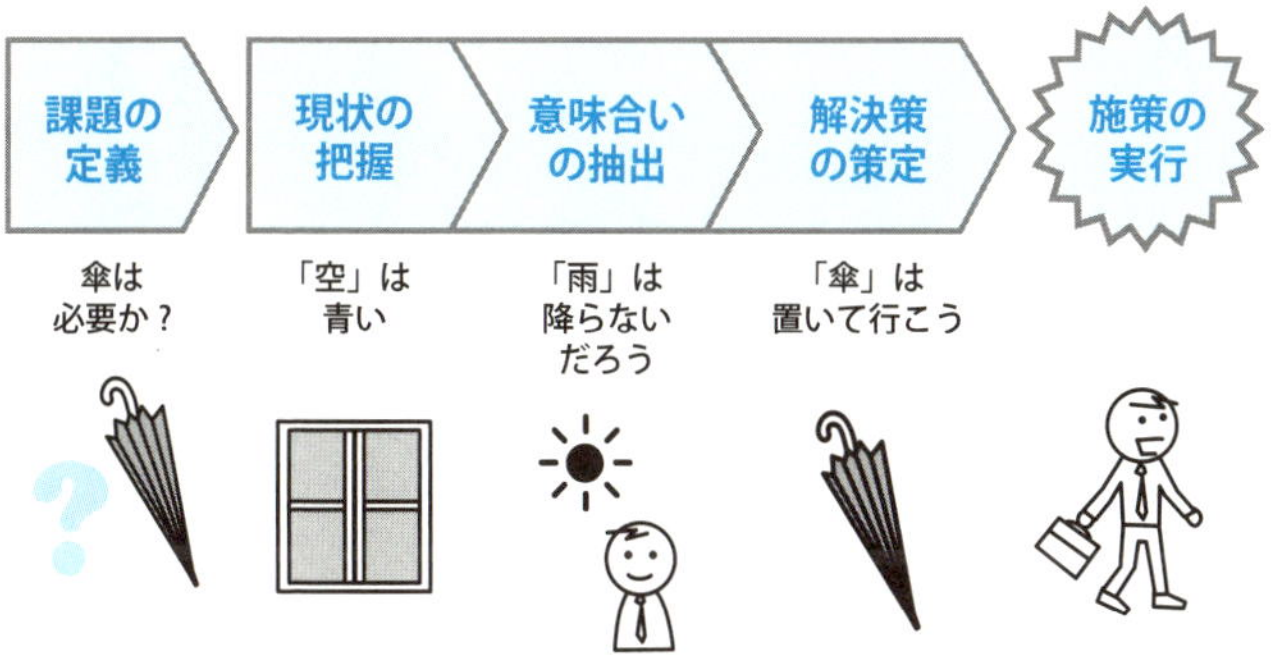

な結論（傘）を出して終わってしまいます。

「空→雨→傘」で、しっかりと実行に落とし込みましょう。

このフレームワークを使う際に重要なのは、「課題の定義」です。これがないと、そもそもプロセスそのものが意味を失ってしまいます。

先ほどの例で言えば、「今日出かける際に、傘を持って行く必要があるのか？」という課題を定義したからこそ、「傘はいらない」という解決策へとたどり着くことができたわけです。

また、最後に「施策を実行」することではじめて、すべてのプロセスがインパクトにつながります。そのため、実行可能なアクションにつながるか、という視点を持って課題の設定から「空→雨→傘」の各ステップを考えることが重要です。

- **課題を明確に定義しているか？**
- **空雨傘のプロセスはできているか？**
- **その結果、アクションにつながっているか？**

常にチェックしながら使いましょう。

空雨傘の活用上の注意点

	ポイント	よくある間違い
空（状況）	●明確な課題を設定した上で「空」を整理する	●どんな課題を解いているのかが不明確なまま曖昧に議論が進み、「空」と「雨」の区別もできない
	●その際、「解決策」であっても前回までのミーティングで合意されていたり、既に当たり前と思われている点は「空」として整理する	●ただ情報を整理しただけで、皆が知っていることを「雨」としてしまい議論が深まらない
雨（意味合い）	●「空」を前提として、論理的に導かれる「意味合い」のみを抽出する。意味合いを抽出して初めて、「真の課題」が見えてくる	●「空」から論理的に導かれないものを「雨」ととらえてしまう。結果、真の課題を見出せない
	●その際、しっかりと雨を整理し、論理的な構造や優先順位をつけておく。解決策の実施の際に必須	●課題が優先順位もなく散漫に並べられているため、「傘(解決策)」に落とし込む際に混乱が起きてしまう
傘（解決策）	●意味のある「傘」に至るためには、前提となる「課題設定」が重要。そもそも「雨」に濡れたければ、どんな「空」模様でも「傘」は必要ない	●明確かつ意味のある課題を設定することなく議論を進めたため、意味の感じられない「傘」が結論として出てしまう
	●「意味合い」を抽出し「真の課題」を把握した上で「傘」を議論する	●「空」の裏返しのような結論・解決策しか出てこない

空雨傘

事例

空雨傘で、「5年で離職」のナゾを解く

「最近、入社した若者がすぐに辞めていく。あいつらは文句ばかりで、根性がなくて、責任感もない」

「そもそも、国際化とか言って、根性のあるやつを採れない採用が悪いんじゃないか」

「だいたい、採用基準が良くない。見直そう」

よくある議論ですが、本当に効果的かわからない対策が、こうして提言されてしまいました。

「空」は、予断を加えずに現象を観察することによって得られる「事実」のこと。でも、冒頭の表現は、「最近」、「若者」が「すぐに」辞めていく、という曖昧な印象の思い込みに基づいてしまっています。

正しい「空」を集めてみると、

- 離職率が高いのは、入社5年以内
- 人事評価別にみると上位1／3の社員の退職率が2倍に
- 従来このような社員が辞めることは稀だった
- 退職者と仲の良かった同僚の証言を総合すると、「成長の機会が限られており、転職先の人事制度（留学支援など）を魅力と感じて」の退職が多かった
- 一方、当社における似た制度の存在を知っていた者は皆無だった

この「空」をもとに「雨」を考えると、どうなるでしょうか。「転職者の大部分は高い人事評価を受けていた。問題は、採用ではなく、その後の若手の人事制度にありそうだ。たしかに、我が社には『最初の5年は下積み』という文化とそれに基づいた人事制度があり、十分な機会が提供されていない。現在の若手人材には理解されていない」

こうして正しい「空」「雨」に導き出された「傘」は、「入社5年以内の若手人材の人事制度を見直そう。具体的には、部署横断で若手社員を中心としたプロジェクトを立ち上げてみよう。自由な意見交換の場をもうけ、社内での成長の機会があることを若手にもしっかり伝えよう」となっていきます。

このように「空雨傘」をきっちりと踏まえ、現象の理由となっている課題を把握し、そこにアプローチすることが、問題を解決する近道となるのです。

「空雨傘」で課題を把握し、問題を解決

課題の設定

若手社員の定着率を上げたい

当初の議論

空：最近若手がすぐ辞める。責任感がないんだ。文句は言うし根性もない

→十分な現状把握ができていません。

雨：そもそも採用が悪いんじゃないか

→しっかり「空」を見つめた結果でないため、問題の本質とは違う意味合いを出してしまい、真の課題が見えていません。

傘：採用基準を変えよう

→結果、本当に解決に意味があるか分からない打ち手が提言されてしまいました。

成功した改革策

空：辞めた社員の多くは入社 5 年以内で人事評価も高かった。成長の機会が不十分で、魅力的な制度を求めて他社へ

→課題の背景・現状を客観的に把握できています。

雨：他社との競争に勝つため、「5 年は下積み」という文化を変革し、若手に機会を提供すべき。また、社内制度の若手社員への浸透が大きな課題となっている

→「空」から意味合いを抽出し「真の課題」を把握しています。

傘：若手を中心としたプロジェクトを立ち上げ、文化を変えるきっかけに。制度の説明会を定期的に実施して、アンケートで声も吸い上げよう

→真の課題を解くための、具体的で実行可能な改善策が提言されました。

▼

大きな成果

LESSON

03

WHY5回

思考を深めるフレームワーク

毎週水曜日に開かれる、営業促進会議。

いつも通り、営業課長が配下の営業マンたちに活を入れます。

「とにかく1軒でも多く回ることを意識しろ。足で稼ぐんだ。汗は裏切らない。1日10軒回るまでは帰ってこないくらいの気合いと覚悟で臨むんだ」

最後に、支店長が締めの言葉を叫びました。

「いいか、我が支店はここ数ヶ月ずっと目標未達だ。恥ずかしいと思わないのか。何がなんでも今月は目標を達成しろ。既存顧客を大切にして、それ以外の時間は常に新規顧客回り。いいな。目標は絶対に達成するんだ！」

会議後、缶コーヒーを飲みながら営業マンは話しています。

「あんなこと言ったって、もうスケジュールはパンパンだよな」

「新規も回りたいけど、お得意様からはいきなり電話で来いと言われることも多くてスケジュール通りになんかいかない」

「仲のいいお客様とは話し込む場合も多い。時間は取られるけど、既存顧客を逃したら大変だから、重要な営業行為なんだ。そもそも新規なんて取れる確率が低すぎて非効率だ」

八方ふさがりに見えるこんな状況。どのように打破すればいいのでしょうか。もしかしたら、本当の課題が見えていないが故に、解決策がないかのように見えているのかもしれません。

そんな時は、しつこいくらい、症状の原因を探ってみましょう。そのために活用できるのが、ＷＨＹ５回です。

ＷＨＹ５回は、仮説の立案と検証を繰り返すことにより、表面に現れている症状の深層に隠されている、より本質的な課題を抽出するための思考のフレームワークです。

ともすれば陥りがちな、「売上が落ちているから何とか巻き返せ」「シェアが低い。シェアを上げるのが大事だ」など、課題を裏返しただけで何の解決策も提示できない状況を脱するために、非常に有効です。

意味のある解決策を見出すために、課題を深掘りしていく。**何度も「なぜなんだ」と問い、その答えを積み重ねることで、最も本質的な課題をえぐり出す。**それがＷＨＹ５回です。

WHY5回から導かれる解決策の例

先ほど抽出した課題について、それぞれ理論的にどのような解が導かれるかを見てみると、浅いレベルの分析・診断では、実行不可能な解しか生まれないことがわかります。実行可能で、意味のある解決策を見出すために、WHY5回はとても効果的なのです。

症状の分析・診断	理論的に導かれる解
常に営業目標が達成できていない	● 営業目標を達成しろ
Why? ↓	
新規顧客が取り込めていない	● 新規顧客を取り込め
Why? ↓	
営業において、既存顧客に多くの時間を割いている	● 既存顧客に割く時間を減らせ
Why? ↓	
新規は関係性も築けておらず、契約を取れる確率が低いこともあり、訪問することへの心理的抵抗が大きい	● 新規顧客を訪問する心理的な障壁を壊せ
Why? ↓	
新規顧客訪問数の目標はあるものの、皆真剣に達成しようとは思っておらず、目標値の理由もわかっていない	● 新規顧客訪問数の目標値の設定理由を理解して、達成に向けて努力しろ
Why? ↓	
目標達成に向けてどの程度の新規顧客を獲得する必要があり、そのために必要な訪問数はどれくらいなのか、誰も把握していないため、新規顧客訪問数の目標の納得度が低い	● 目標達成に向けて必要な新規顧客獲得数、そのために必要な訪問数をデータから割り出し、既存顧客への訪問時間を削ってでも新規に回るための時間を捻出する必要があることを理解しろ

WHY5回

事例

WHY5回で、より深みのあるアクションプランをつくろう！

あなたは大学の映画サークルのサークル長です。このサークルでは毎年、学園祭で自主制作映画を上映しています。ところが、毎年、観客がなかなか集まりません。こんな時、あなたならどうしますか？　サークルのメンバーに対して、どんな指示を出すでしょうか？

「なんとしてでも観客を集めろ！」こうした反射的な指示では、具体的にどんな行動を起こせばいいかわからず、根性論だけになってしまいます。

ここで一歩踏み込んで、「なぜ上映会に観客が集まらないのか？」をまず考えてみましょう。

すると、「上映会に集まっているのは直接の友人だけ」という事実が見えてきました。

さっきより少しは問題の本質に近づきましたね！

ですが、このままでは「知り合い以外の観客も呼んで来い！」という対応になってしまいます。これでは最初の打ち手とほとんど変わりません。

2回目のWHYの結果、見えてくるのは、「お客さんは来場の時点で、すでにお目当てのイベントが決まっている」。

3回目のWHYで、「来場者の多くがチェックしている学園祭情報サイトに、上映会イベントが掲載されていない」ことがわかりました。

4回目。「なぜ情報サイトに上映会が掲載されないのか？」↓「掲載されるには環境保護への協力が必要だが、サークルは実行委員会の審査を通過していなかった」ことが見えてきました。

……こうして、サークルの抱える本質的な課題が判明しました。ここまで深掘りすると、より深みのある具体的なアクションプランに結びついてきます。

というわけで、あなたがとるべき解決策は、「環境保護を訴える短編映画をプログラムの一部として上映する」ことです。

最初に理解していた「上映会に観客が集まらない」という表層的な症状だけでは決して得ることのできないユニークかつ本質的な打ち手を得ることができました。

問題にぶつかったときは、条件反射的に対応策に走るのではなく、「なぜそうなのか?」を徹底的に深めることが重要です。

WHY5回で、本質的な課題が見えてくる

表面的な症状

症状の分析	打ち手
学園祭で例年映画サークルの自主制作映画上映会に観客が集まらない	とにかく人を集めろ!!
Why?	
数人しかいないサークルメンバーの知り合い以外に観客がいない	知り合い以外も呼んで来い!!
Why?	
長編映画は人がキャンパスに集まる学園祭当日に勧誘してもすでに予定が入っていて、なかなか来てもらえない	学園祭前に広く告知しろ!
Why?	
ここ数年多くの人が予定を決める際にチェックする学園祭ウェブサイトに掲載されていない	学園祭ウェブサイトに掲載してもらえ
Why?	
実行委員会が重視する「環境保護」への協力が条件となっていて、審査に通っていなかった	「環境保護」に協力して、審査に通るようにしよう
Why?	
サークルならではの協力方法が求められていて、その点が評価されていなかった	映画サークルらしい環境保護を訴える短編映画を上映すればいいのでは

本質的な課題

LESSON

04

ロジックツリー

MECEを構造化・可視化したフレームワーク

ロジックツリーとは、MECEな分解を積み重ね、それをツリー上に構造化・可視化したものです。

12ページでご紹介したように「MECE＝モレなく・ダブりなく」ですから、ロジックツリーによって可能性をすべて洗い出し、さまざまな検討の土台とすることができるわけです。

問題解決には、①全体像をつかみ②深めるポイントを見極めることが重要です。

ロジックツリーにより、より意味のある深掘りが可能になりますし、他の人を巻き

ロジックツリーとは

ロジックツリー

MECE な分解を積み重ね、それをツリー上に構造化・可視化したもの

「全体像をつかんだ上で、深掘りするポイントを見極める」プロセスを整理して進め、可視化するために活用できる

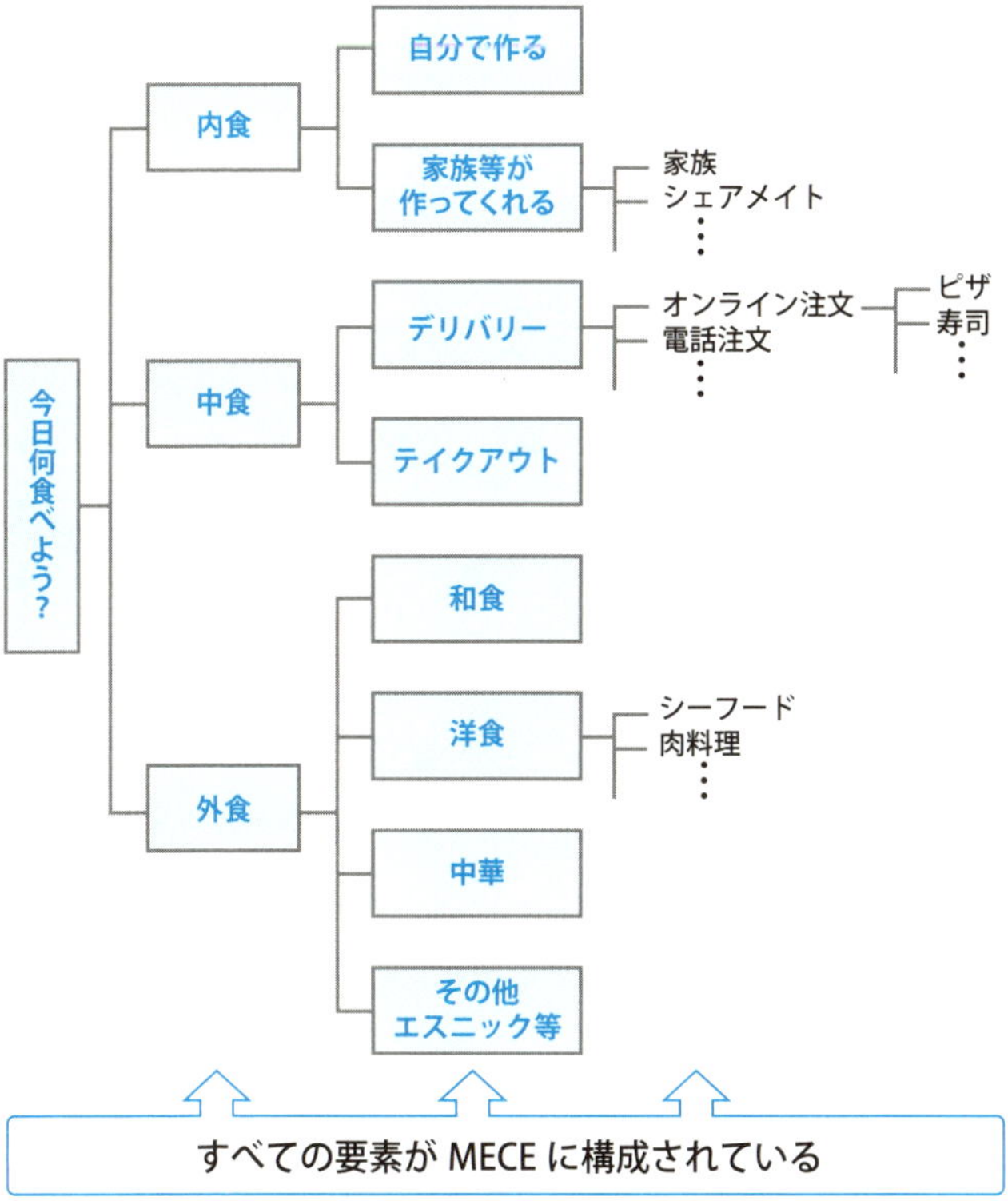

込むために説明する場合にも、より説得力が高まるからです。ロジックツリーは、その可視化に非常に有用です。


前ページをご覧ください。

「今日は何を食べようか」をロジックツリーを用いて検討してみましょう。

まずは大きく3つに分けます。

1「内食（家で作って食べる）」

2「中食（テイクアウトして家で食べる）」

3「外食（レストランなどで食べる）」

次は、それぞれを、さらに分解していきましょう。

「内食」は、自分で作るか、家族など他の人に作ってもらうか、に分けられます。

「中食」は、家まで持ってきてくれる「デリバリー」か、自分の足で買いに行く「テイクアウト」か。

「外食」は、和食・洋食など料理のジャンルで分解しました。

コストが重要であれば、予算で分けることもできます。

　ここまで分ければ、大枠では検討ができそうです。

「自分で作るのは面倒だし、家族は外出中。外食はちょっとお金がかかるな……中食にしよう。でも、雨が降りそうだし外に出たくないから、デリバリーにしよう」

可能性のすべてを網羅し、徐々に選択肢を絞り込むことで、より納得感の高い決定を下すことができます。

　すべての枝を細分化していく必要はありません。可能性の高い枝についてだけ、より深く掘っていけばよいのです。

　また、全体像を整理したことで、ある選択肢を選ぶことができなかった場合には、すぐに他の選択肢に変更が可能です。

「デリバリーは、届くまでに1時間かかるらしい。テイクアウトを急いで買ってこよう」

ロジックツリー

事例

ロジックツリーで、スキルアップの時間を捻出する

Aさんは、いまは販売職ですが、英語を習得し、将来は国際的に活躍できる職に就きたいと考えています。

土日出勤が多いため、平日を有効活用して英会話スクールに通いたいのですが、忙しくてなかなか踏み出せません。

ここで、ツリーを使って、スキルアップの時間をつくり出せるか、試してみましょう。

まずは、ふだんの平日に仕事以外の時間をどのように過ごしているか、大きく分

解します。

出勤前は、身支度をした後、たいてい新聞を読んでいます。

通勤電車の中では、スマートフォンでSNSをチェック。

退社後は、友人と飲みに行くか、自宅で雑誌を読んだりテレビを観たりします。

ネットサーフィンをするのが日課で、時にはオンラインゲームをして夜更かしすることもあります。

まず、ツリーの先頭に置くべき質問は、「これらの活動の時間を減らして時間をつくることはできるか」となります。

ツリーを作ろう

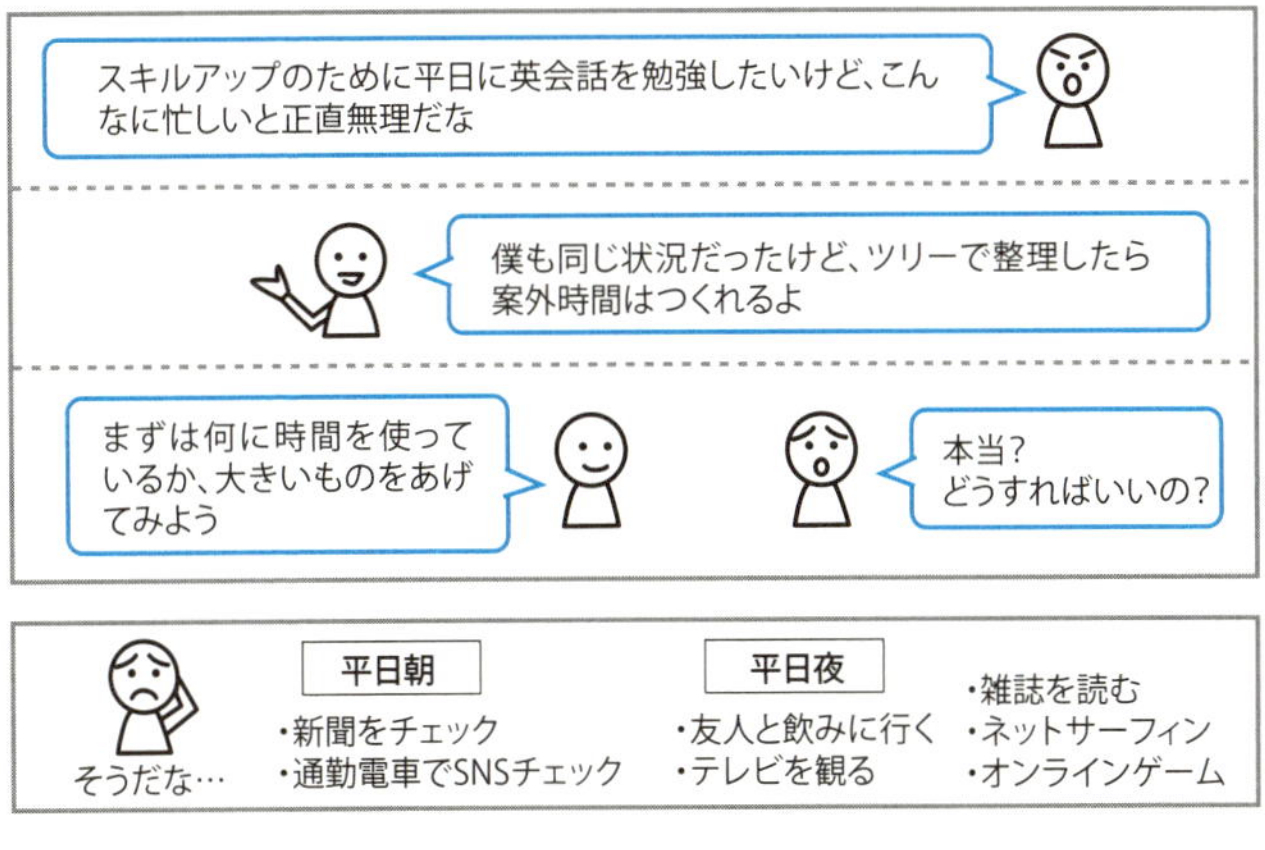

スキルアップのために平日に英会話を勉強したいけど、こんなに忙しいと正直無理だな
僕も同じ状況だったけど、ツリーで整理したら案外時間はつくれるよ
本当？どうすればいいの？
まずは何に時間を使っているか、大きいものをあげてみよう
そうだな…
平日朝
・新聞をチェック
・通勤電車でSNSチェック
平日夜
・友人と飲みに行く
・テレビを観る
・雑誌を読む
・ネットサーフィン
・オンラインゲーム

そしてそれを2つに分けます。

①個々の活動を短縮できるか
②これらの中で、完全になくせる活動はあるか

Aさんにとって、これらの活動はどれも完全になくせないものだとすると、①「個々の活動を短縮する」しかありません。

①をさらに分解すると、「活動の頻度を減らせるか」と「活動の1回当たりの所要時間を減らせるか」の2つになります。

たとえば、オンラインゲームは、毎日ではなく2日に1回にする。将来のためなら、それくらいは無理なくできそうで

ツリーを使って、時間を可視化する

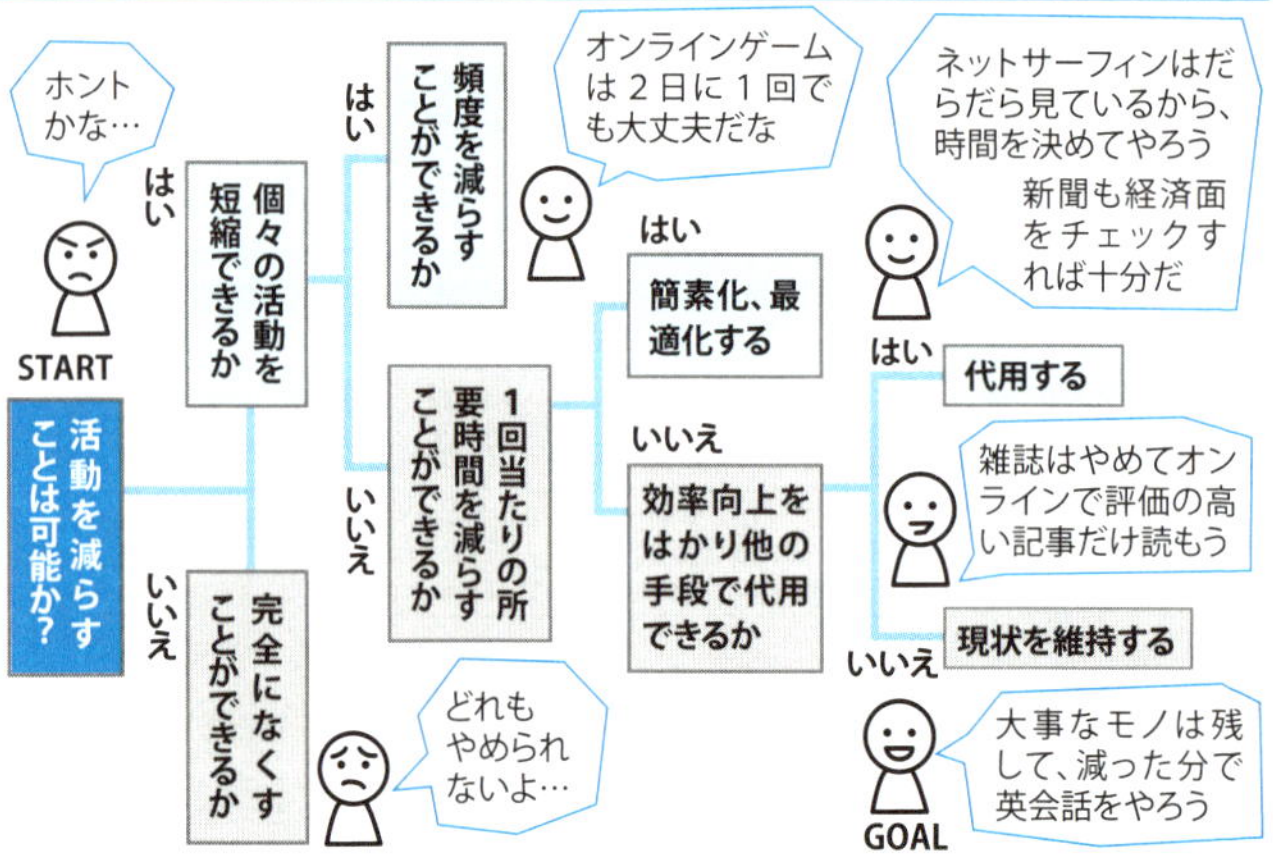

す。

「活動の1回当たりの所要時間を減らせるか」をもう少し分解すると、「部分的に省略するなど簡素化をはかれるか」と「代替手段などを使った効率化をすることで、同じ結果を短い時間で得られないか」の2通りの方法があります。

ツリーを使って分解することで、Aさんは自分が何に時間を使っているのか抜けモレなく全体を把握することができ、かつ、細分化された活動のどの部分を削ることができるか、考えることができます。

「忙しい。時間がない」が口癖のあなた、一度、時間の使い方を可視化してみませんか？

LESSON

05

80／20

自然界からビジネスまでさまざまな事象にあてはまるフレームワーク

80／20は、自然科学からビジネス、そして情報や個別の作業まで、さまざまな事象に当てはまるフレームワークです。

アリの群れには、ある特性があります。どんな群れでも、全体のたった2割の働きアリのみがあくせく餌を運び、邪魔な石ころをどける仕事をしています。

そこで、その2割の働き者のアリを取り除いてみると、今度は今まで仕事をしていなかった残りのアリのうち、2割が働きだすそうです。

この事例が指し示すのが、80／20（エイティー・トゥエンティー／はちじゅう・にじゅう）の法則です。

80／20は、アリの群れだけでなく、さまざまな現象に当てはまる思考のフレームワークです。

●**商品・顧客の売上構成**

たった2割の商品が、お店全体の8割の売上を稼ぎだしている

2割の顧客が、8割の売上をもたらしている

●**情報・作業がもたらすインパクト**

一所懸命に集めた大量の情報。でも実

商品・顧客の売上構成

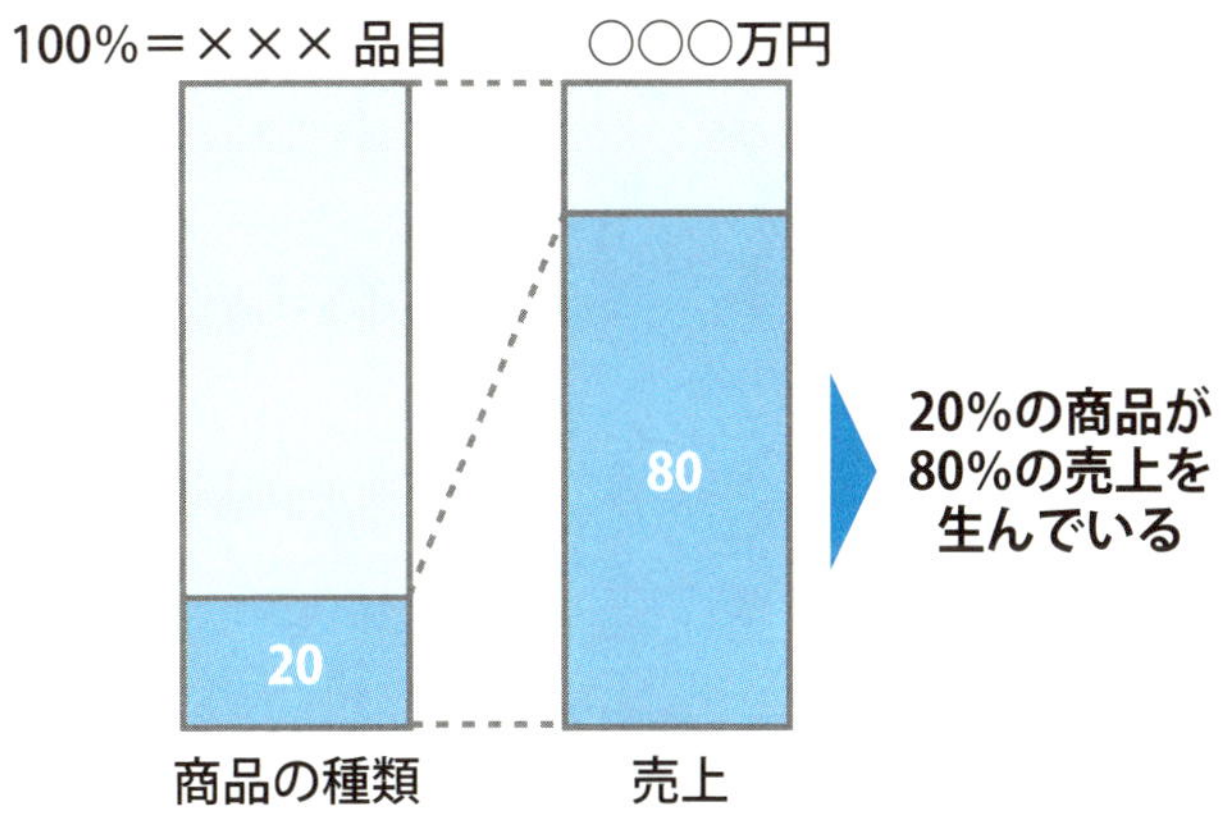

は、リサーチの結果が生んだインパクトを見つめてみると、たった2割の情報からほとんどが生まれていた

情報に限らず、さまざまな作業で同じ現象が起こります。このことを把握していれば、最初に**「8割のインパクトをもたらす、最も大事な2割はどこだろう」**と考え、効率的に作業を行うことができます。

コンサルティング会社では、よく「時間が限られているから、80／20で作業してね」などと言われます。早い段階で肝となる8割を押さえて、どんどん判断を下し、次の行動へとつなげて行くためで

情報・作業がもたらすインパクト

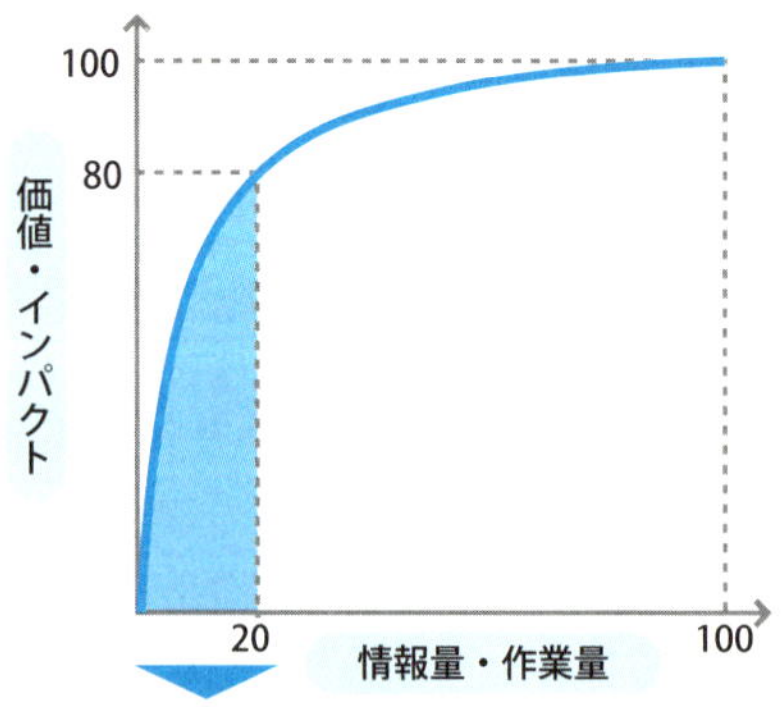

20%の情報・作業で
80%の価値がある

す。そうすることにより、ほとんどインパクトをもたらさない作業に8割もの時間を割いてしまうことを防げます。2割にフォーカスすれば、単純に計算して5倍速く動けることになるわけです。

このように、**常に80／20の「思考の眼鏡」を準備しておくことは、さまざまな場面で役に立つのです**。信じられないほど仕事の速い先輩は、うまく80／20を活用しているケースが多いのではないでしょうか。

80 ／ 20

事例

80／20で、レストラン経営の課題を解決しよう！

あなたは、イタリアンレストランの店長です。より美味しい料理を提供しようと、メニューの研究に余念がありません。

課題

料理の質では負けないはずなのに、最近口コミの評判が下がってきています。

「最近、昼や夕方のピーク時に、オーダーミスが増えている気がするなぁ。それに、料理の提供が遅いというお客さまのクレームも増えている」

現場の声

現場に話を聞いてみると、こんな声が聞こえてきました。

・マネージャー「メニューが多すぎてスタッフが覚えきれない。まぎらわしいメニューも多数」
・コック「たまにしか出ないメニューは、段取りに手間取る」
・ホールスタッフ「常連のお客さまは、たいてい看板メニューのボンゴレビアンコやバーニャカウダを注文します」

80／20の考え方を当てはめると、どのような解決策がとれるでしょうか？

80／20による分析

メニューは100種類もありました。メニュー別の売上高のランキングでは、スタッフの言う通り1位のボンゴレビアンコを筆頭に、バーニャカウダ、特製カルボナーラ…と定番が続きます。なんと、上位20位までのメニューで売上の8割を占めていることがわかりました。「80（％の売上）／20（％のメニュー）」の法則が成り立っていることになります。

打ち手と結果

あなたは思い切って、注文の少ないメニューを廃止し、半数以下にしてみました。

「メニューを半分にしたら売上も半分になってしまうのではないか」

前日は、不安で夜も眠れませんでした。

しかし、結果は逆でした。オーダーミスが減ったことはもちろん、提供するスピードが上がり、目に見えてビジネスマンの利用が増えました。また、客席だけでなく厨房でも変化が起こったようです。

とあるレストランの経営課題

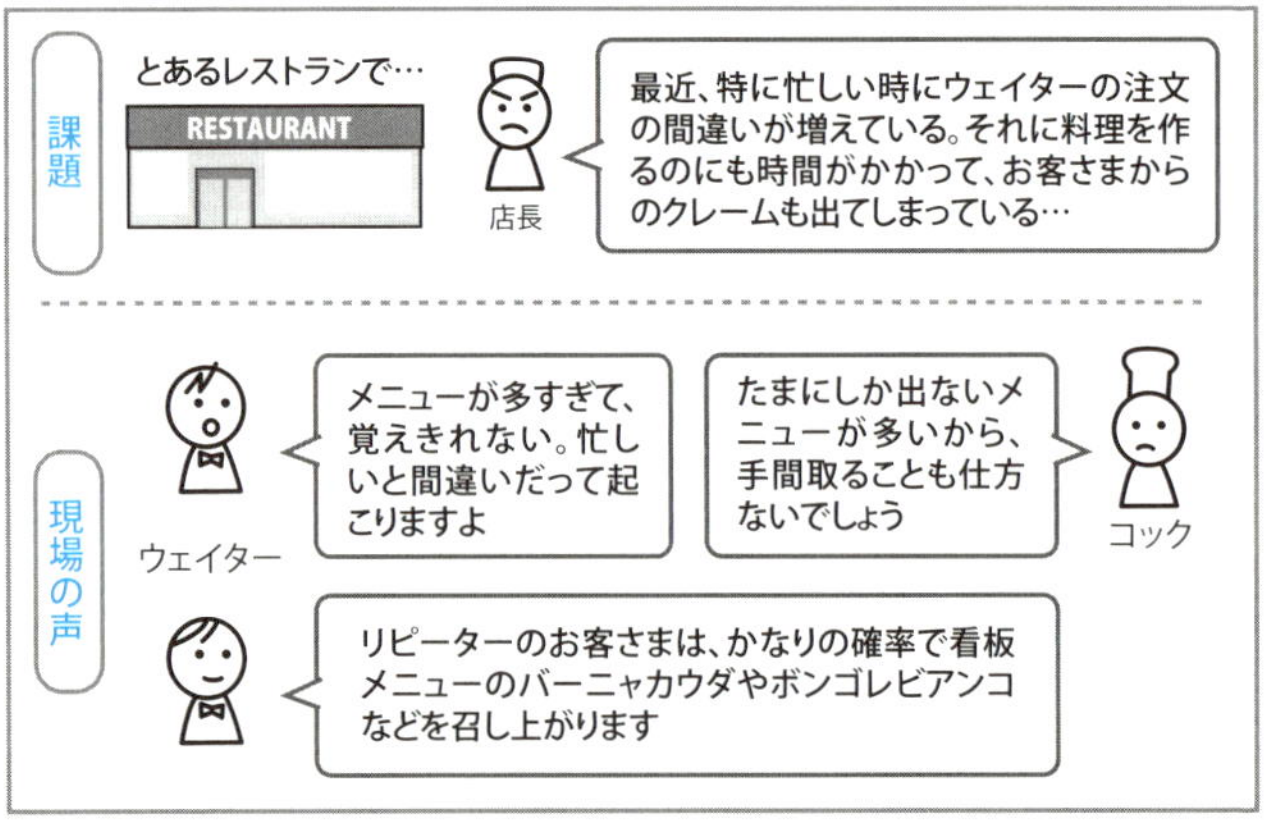

その他の効果

- 1品1品を丁寧に作ることが可能になったため、料理の質が上がり、リピーターが増えた
- メニューが売れ筋に絞られたので、材料の廃棄率が下がって仕入れのコストが下がった
- 新入りコックのメニュー習得期間が半分になった

80／20を活用した改善策

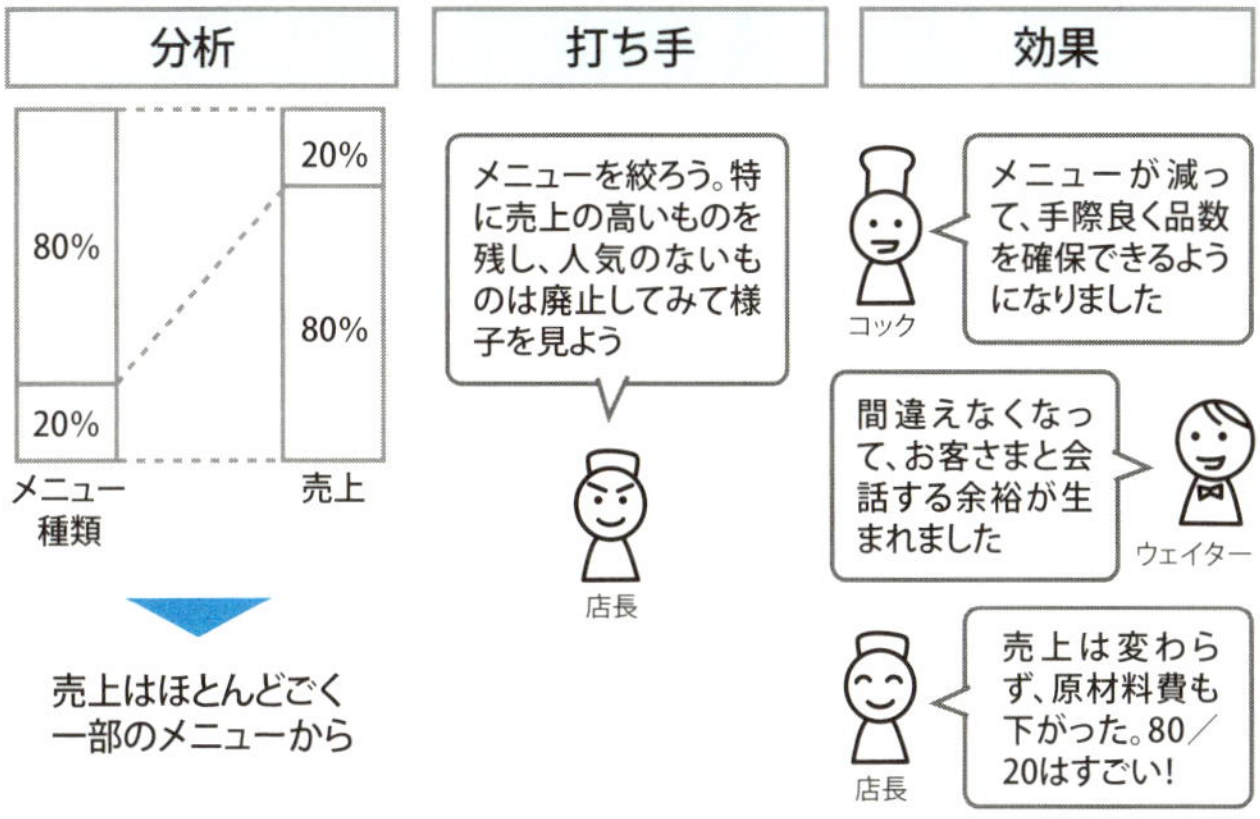

思考のフレームワークはプロ野球選手のフォーム改造と同じ

考え方には、実は人それぞれに癖があります。走る時に大きく腕を振る人もいれば、歩幅が小さい人もいるように、考えるプロセスにも、人によって差があります。**ポジティブな思考**と、**ネガティブな思考**もそのひとつです。

仕事において、状況を理解して、問題を明らかにし、解決策を見つけるという考えるプロセスにも癖が出ます。最初に思いついたアイデアにとらわれて、他の可能性を考えない人もいます。いつも今日の問題にとらわれて明日の問題が見えない人、表面的な問題にとらわれて原因を見ない人も。

ＰＡＲＴ１の思考のフレームワークでご紹介したテクニックは、**個人ごとに癖のある思考の仕方を、理想的なプロセスに近づけるヒント**だと思ってください。

高校の陸上で好成績をおさめたランナーが、大学の陸上部に入り、元オリンピック選手だったコーチと一緒にランニングフォームを改革していくイメージです。スタートの姿勢は低く、腕を大きくふって、股は高く上げる。これを、思考の仕方に置き換えると、**モレなくダブりなく状況を理解し（ＭＥＣＥ）**、**なぜ？を5回繰り返し思考を深め（ＷＨＹ5回）**、**アクションにつながる洞察をする（空**

雨傘）ことになります。

最初は、好きなように走った方が速く走れると感じると思います。特に高校時代に100メートル走で活躍した選手たちは、ランニングフォームを修正されることを嫌います。野球でもそうです。実力もあり、自信もあるピッチャーが、プロ野球に進み活躍しないことが多くありますが、それは、次のレベルで活躍するためのフォーム改造ができない選手が多いからです。ドラフト1位の選手が必ずしも大成しないのは、自分の成功体験にとらわれているということが原因だったりします。

イチロー選手は、1991年のドラフトで、オリックスからの指名は4位でした。彼が世界最高のバッターに成長したのは、コーチをはじめとする先人たちの指導に耳を傾け、改善を毎シーズン繰り返してきたからだと言われています。

読者の皆さまも、この思考のフレームワークを使ってみようとすると、仕事の効率は、一時的に落ちると思います。一流のランナーも、一流のピッチャーも、フォームを改善すると、一度はタイムが落ちたり、球速が落ちたりします。

ただ、諦めずに、使ってみてください。2

度3度使うと、発見があると思います。モレがないように思考した結果、見落としていたコスト項目を思い出し、打ち手の広がりが見えるとか。WHYを繰り返すことにより、問題の本質に一歩近づけたとか、フォーム改造のメリットを感じられると思います。

そして、最後に、**もともと持っているあなたの思考の癖は、きちんとした思考のフォームを身につけると、あなたの味になります。**力強い基礎の上にある、あなたの特徴になります。

プロ野球選手も入団当初は、キラッと光る特徴を皆持っています。足が誰よりも速い、とてつもなくキレるスライダー、まずエラーしない守備など。そして、2〜3年の育成期間を経て、基礎力アップや、フォーム改造を成功させた者のみが、一軍デビューをしていきます。

皆さまも、プロの「思考」選手になったつもりで、基礎思考力を高めてみてはいかがでしょう。

PART2
事業・プロジェクトのフレームワーク

LESSON

06

3C／4C

現状把握の最も基本的なフレームワーク

「新規事業のポテンシャルを把握したい。でも、いったいどこから始めればいいのかわからない。データはいろいろとあるんだけど……」

「競合他社の現状。一応分析はしたものの、これで十分なのかな。部長のことだからきっと僕らの見落としていた点を指摘してくるぞ……」

「先輩から、新規プロジェクトの現状についてレクチャーを受けたけど、情報量が多すぎてどう整理したらいいかわからない。とりあえず箇条書きにしたけど、我ながら見にくい……」

そんな時、頭に入れておくべきフレームワークがあります。それが、３Ｃです。

３Ｃは、企業や事業の経営を分析する際に、経営コンサルタントが日常的に使っている、最も基本的なフレームワークです。

顧客（Customer）
競合（Competitor）
自社（Company/Capability）

３Ｃに沿って調査、分析、戦略立案を進めると、事業や産業の全体像をつかんだ上で、効率的にプロセスを進められるのです。

ここに、流通チャネル（Channel）を加えて、４Ｃとする場合もあります。

３Ｃ／４Ｃは、特に、**ほとんど情報のない新たな事業について、限られた時間の中で検討する必要がある場合に有効です。**手元にある情報だけを参考にしていると、偏った情報だけで意思決定をしてしまったり、重要な変化などを考慮しない検討内容になってしまいます。

また、雑多な情報やデータを、このフレームワークで整理するだけで、クリアに状況を理解する大きな手助けとなります。

分析の際に陥りがちな罠は、競合と自社の差別化にばかり気を取られ、顧客は誰で、彼らにどのような価値を提供しようとしているのか、という視点が抜け落ちてしまうという点です。

優先順位は、①顧客、②競合、③自社、④流通チャネルになります。

「競合ばかり分析している。実は自社のことを把握しきれていないのではないか」「会議の議事録を読んでみると、自社と競合の差の話ばかり。肝心な顧客について、深く調査せず事業を運営しているのでは」など、大きな気づきにつながることもあります。

3C ／ 4C

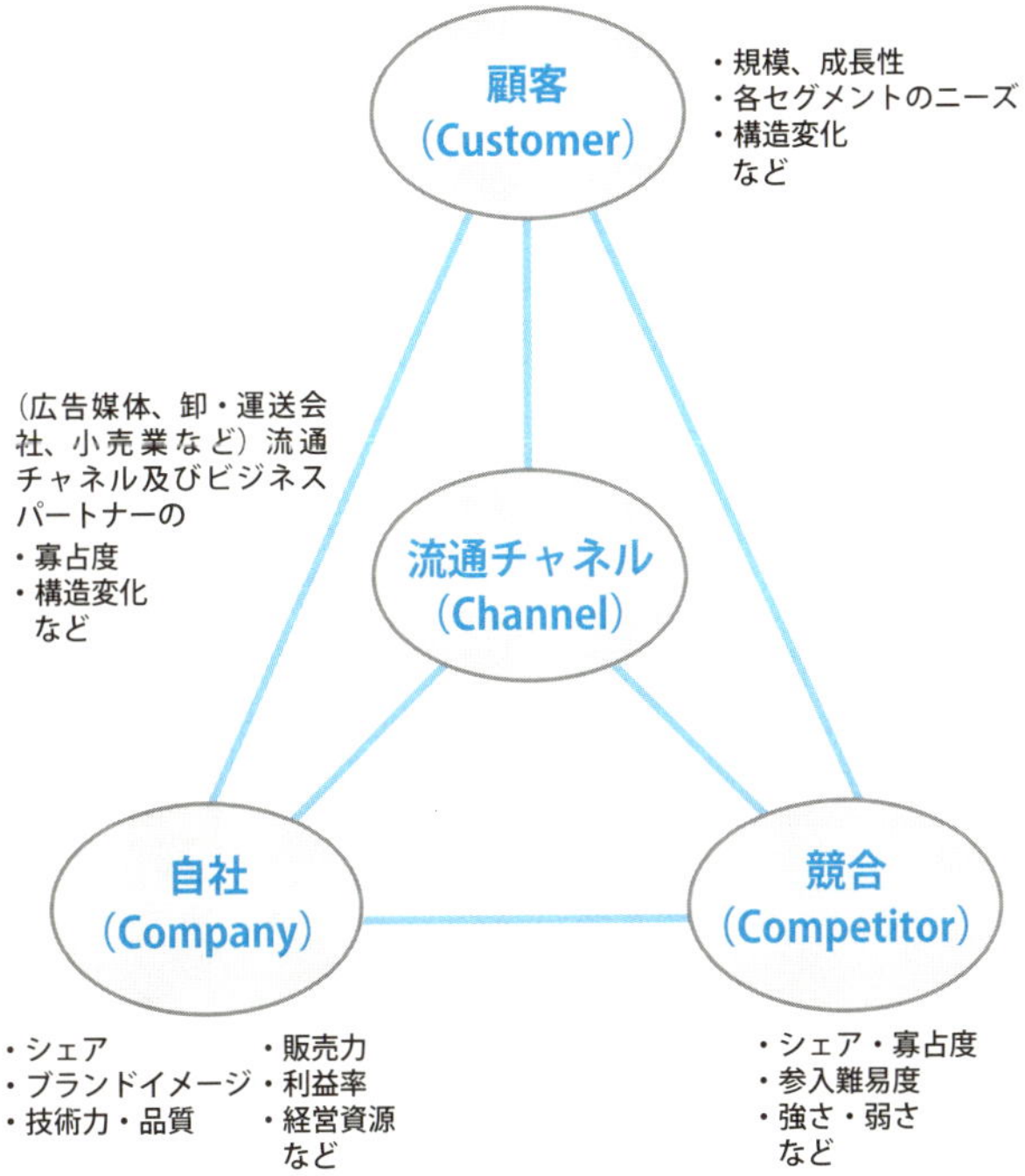

それぞれの要素間の関係にも着目

(例)

- 顧客は何を求めていて、自社はどのような価値を顧客に届けようとしているのか(競合はどうか)
- 自社と流通チャネルやビジネスパートナーとの関係はどうか。交渉力は、利害関係はどうか
- 自社と競合他社はどこで競合しており、その差異は何か

事例

3Cの視点からPCの新製品開発をしてみよう！

ある大手パソコンメーカーは、新製品の開発を企画しています。

A社は新製品を開発するにあたり、競合であるB社とC社の開発方針について調査を行いました。

その結果、B社では今までにない巨大なディスプレイを搭載したパソコンを開発していることがわかりました。

C社では、独自のソフトウェア開発力を活かし、ソフトを多数搭載して、競合との差別化をはかろうとしているようです。

これを知ったＡ社のＰＣ事業本部長は早速、Ｂ社に並ぶ巨大ディスプレイの開発を指示。

同時に、Ａ社の独自技術である高画素で美しいディスプレイの使用も企画に盛り込みました。

Ｃ社製品への対抗策としては、提携関係にあるＤ社の協力のもと、Ｃ社以上に多くのソフトウェアをパッケージ化してプリインストールでの搭載を実施することにしました。

敵を知り己を知れば百戦あやうからず。競合他社を分析して対抗策を抽出するこのアプローチは、一見正しいように見えます。

が、「３Ｃ」で考えると、何か忘れていませんか？

そう、**Competitor（競合）とCompany（自社）については検討がなされていますが、Customer（顧客）については何も考えられていません。**商品を買ってくれるお客さんの視点がすっぽり抜け落ちているのです！

そこでA社では追加でユーザー調査を行ったところ、「不要なソフトがたくさん入っていて使いづらい」「最近のパソコンは重くて運びづらい」「A社製品は性能はいいけど見た目がダサい」「A社のPCは値段が高すぎる」といった声が聞こえてきました。

自社と競合のみの分析では決して出てこなかった視点です。

そこでA社ではこうしたユーザーの声を反映し、「シンプルに機能を絞り込んだ、持ち運び便利で先進的なデザインのパソコンをお手頃な価格で提供する」ことをテーマに新製品の開発に取り組みました。

「顧客の志向を反映するのは当然」そう思うかもしれません。でも、特定の機能をどんどん高めていって、一般の消費者が求めていないレベルになってしまっている製品って、意外に思い当たりませんか？

製品開発では必ず3Cの視点を入れよう

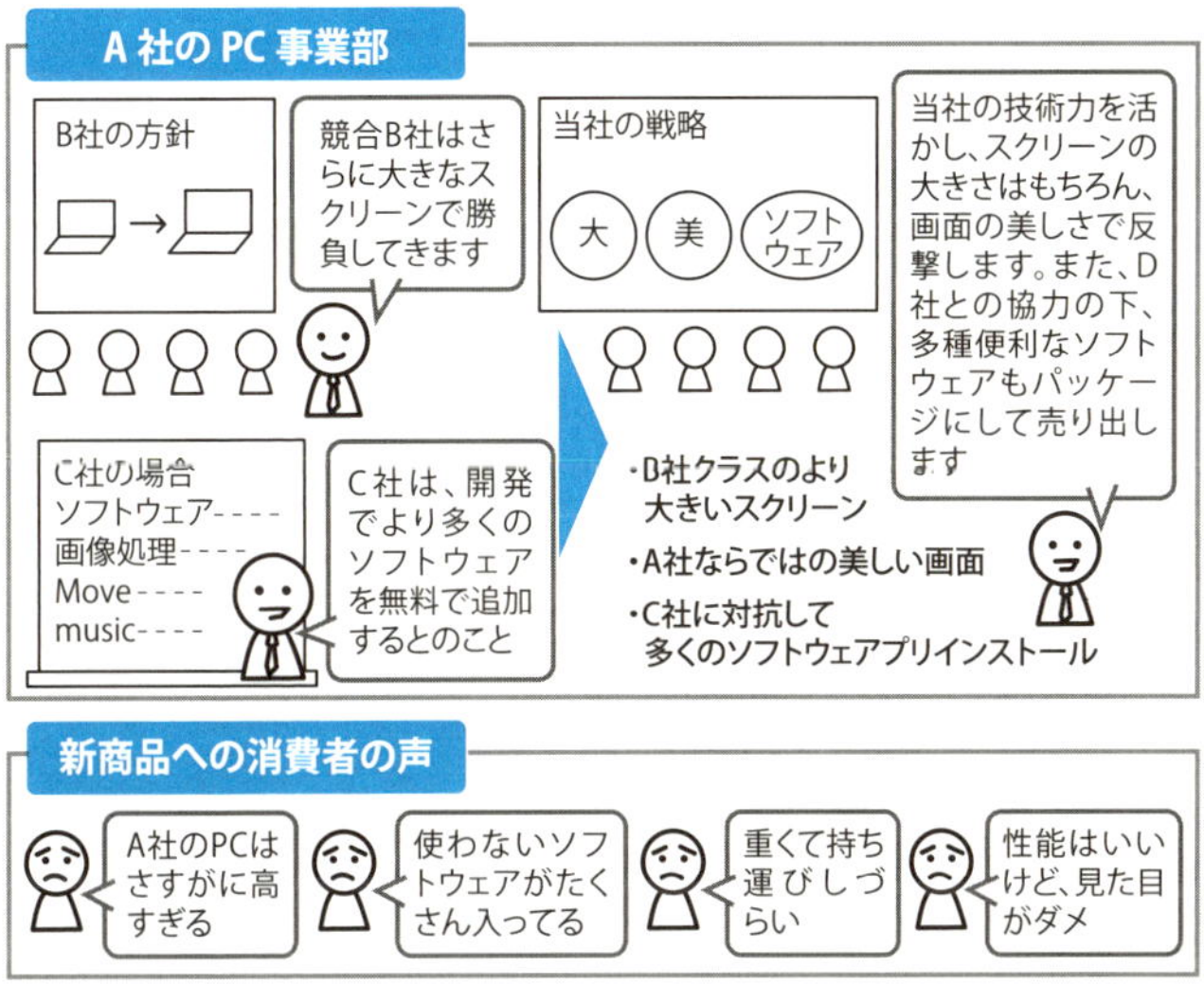

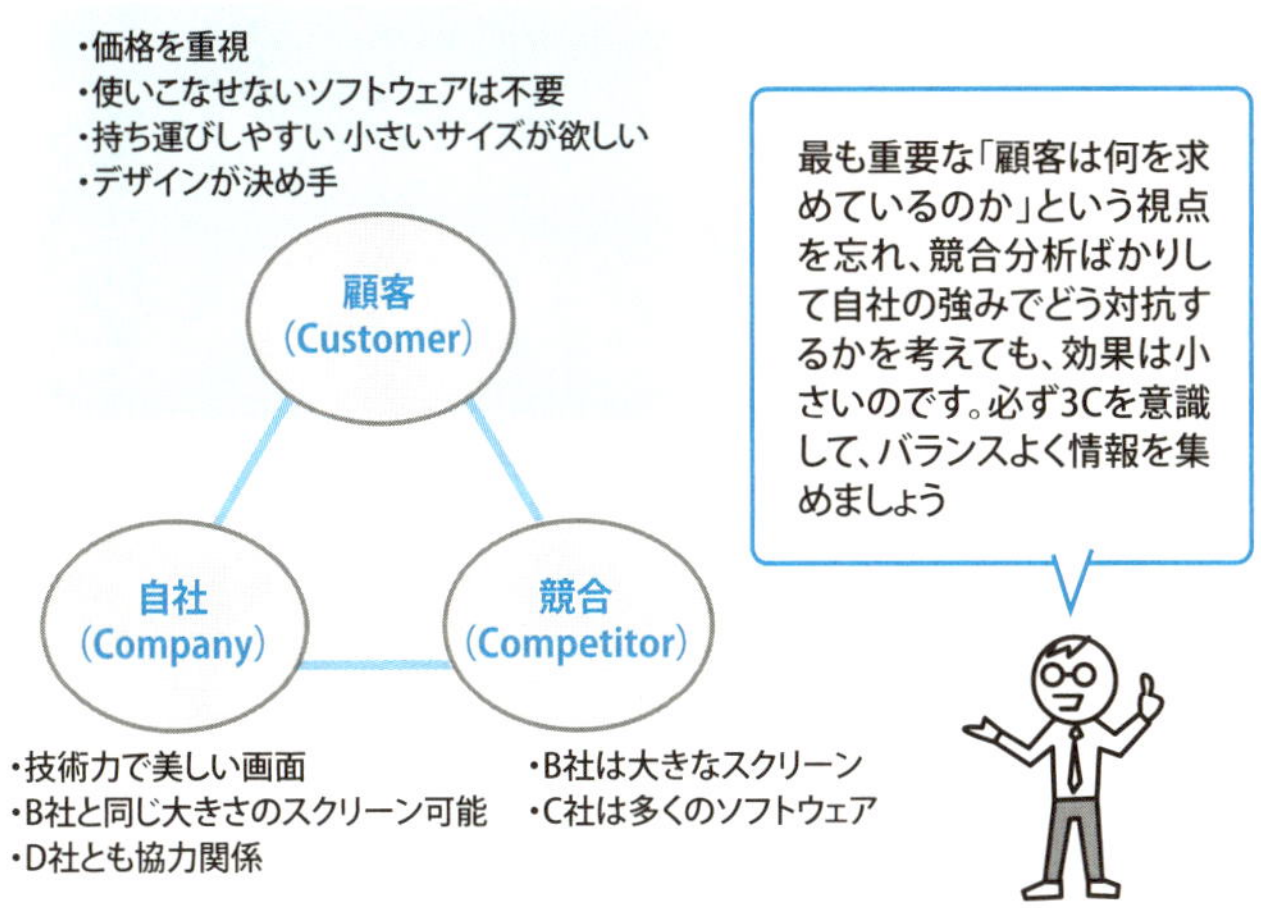

LESSON

07

SWOT

内部要因と外部環境要因から自社の強みを考えるフレームワーク

「部長からプロジェクトの戦略を考えろって言われたけど、何から始めたらいいのやら…」

「新規事業を続けるべきかどうかの提言をプレゼンしなきゃいけないけど、そんなざっくりしたこと指示されてもなあ…」

そんな時に、**情報を整理して、考え方のヒントをくれるのが、SWOT（スウォット）というフレームワークです。**

SWOTは、Strength（強み）、Weakness（弱み）、Opportunity（機会）、

Threat（脅威）から成り立っています。

①明確な目的を設定する

分析をする前に、そもそも目的は何なのか、何を達成したいのかを明確にする必要があります。SWOTそれぞれについて、その目的を達成する上での要因を洗い出しましょう。

②内部要因と外部環境要因を区別して考える

分析の際には、内部要因である強みと弱み、そして外部環境要因である機会と脅威とを区別して考えるのがポイントです。

内部要因は、自らの努力で改善が可能です。一方、外部環境要因は変えられないので、どう対応すべきかを考えます。

また、内部要因×外部環境要因とかけあわせて考えることで、戦略の方向性をつかむことができる場合があります。

たとえば、強み×機会で考えれば大きなチャンスが見つかる可能性があります。

・**Strength（強み）**

目的を達成する上で、競合と比較して優位性のある点は何か。能力、技術、ネットワークなど、自社のよりどころとなる資産は何かを考えましょう。

・**Weakness（弱み）**

目標達成に向けて重要な要素なのにもかかわらず競合と比べて見劣りする部分があれば、それをどう克服するか、もしくは無効化するのかを考えなくてはなりません。

・**Opportunity（機会）**

目標達成に向けて追い風となるような外部の環境要因はあるでしょうか。チャンスがあれば、それをどうつかむのかを考える必要があります。

・**Threat（脅威）**

一方で、目標を達成する上で障害となるような環境要因も洗い出しましょう。外部からもたらされるリスクが大きければ、どのように避けるのか、弱めるのかが、検討の主眼になります。

SWOT

明確な目標を設定して、その視点から分析を行うこと

内部要因と外部環境要因を区別して考えることを
意識して SWOT を活用しましょう

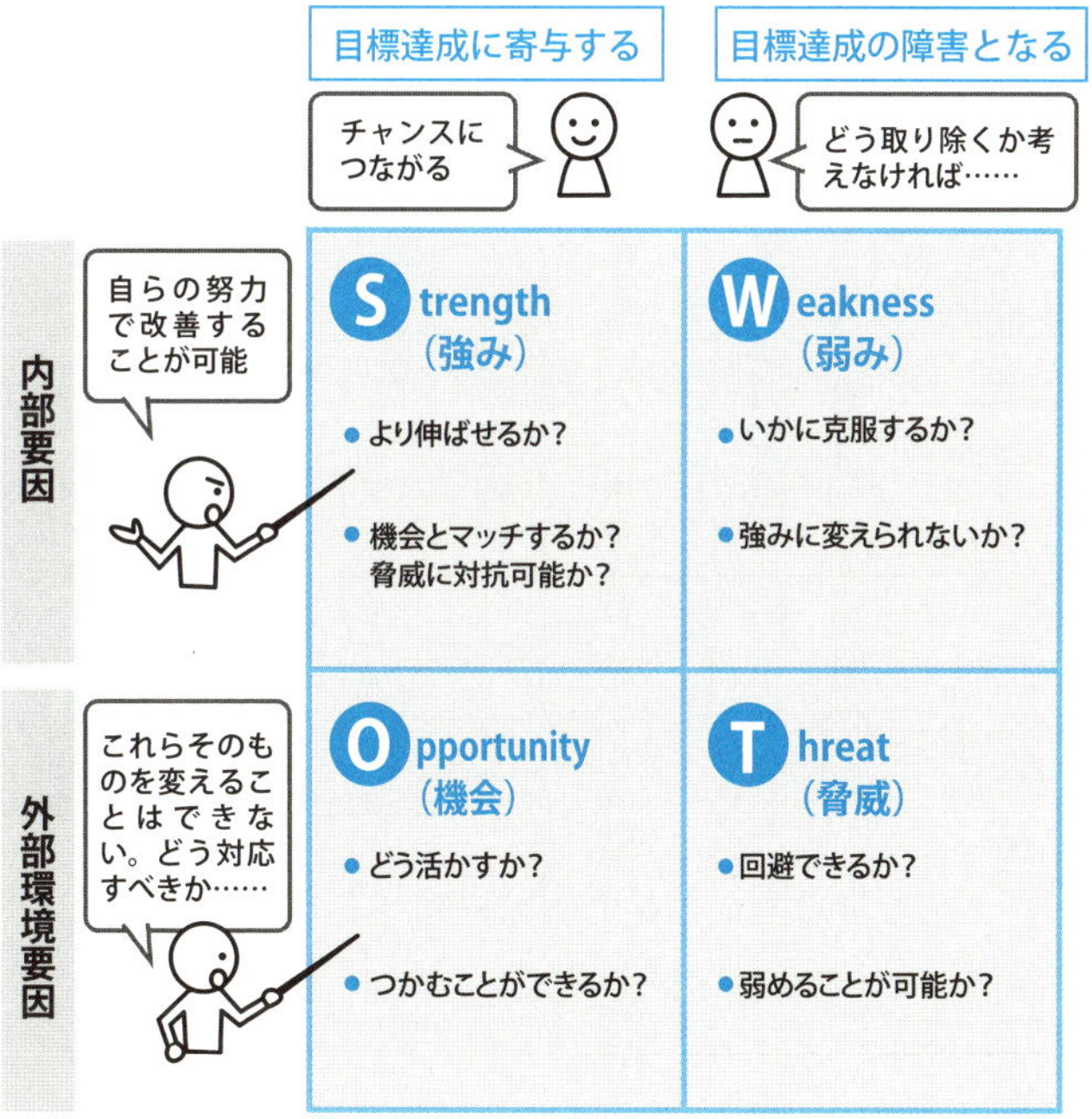

	目標達成に寄与する チャンスにつながる	目標達成の障害となる どう取り除くか考えなければ……
内部要因 （自らの努力で改善することが可能）	**Strength（強み）** ● より伸ばせるか？ ● 機会とマッチするか？脅威に対抗可能か？	**Weakness（弱み）** ● いかに克服するか？ ● 強みに変えられないか？
外部環境要因 （これらそのものを変えることはできない。どう対応すべきか……）	**Opportunity（機会）** ● どう活かすか？ ● つかむことができるか？	**Threat（脅威）** ● 回避できるか？ ● 弱めることが可能か？

SWOT

事例

SWOTでシャッター街の活性化を考える

シャッターを下ろした店舗が増え活気を失った、東北の地方都市の商店街。あなたは、この商店街をより魅力的で多くの人が足を運んでくれる場所に変革したいと考えています。それでは早速SWOTで分析してみましょう。

SWOTで重要なことは、内部と外部の要因を区別することです。自身に起因するものを内部、自分ではどうしようもできないことは外部です。

「内部×ポジティブ」な材料が**「Strength 強み」**です。

- 組合メンバーの団結力

- 全国の商店街との交流関係
- これを活かした年1回の「全国ふるさとうまいもの祭」が盛況

「外部×ポジティブ」は、**「Opportunity 機会」**です。

- 地産地消の流れ
- 地元の名産品が好調
- ブランド化できる可能性
- 全国で同様のことに悩む商店街が多い

つづいてネガティブな方に目を向けます。「内部×ネガティブ」材料を**「Weakness 弱み」**として挙げましょう。

- 空き店舗が多い
- テナントの受け入れが受け身
- チェーン店が増え、特色が失われた

自分たちではどうすることもできない上に、不利にはたらく「外部×ネガティブ」な出来事が「**Threat 脅威**」です。

- 近郊に大型スーパーが出店
- コンビニの利便性

さて、それぞれの分析から解決策を考えてみましょう。

- **Strength** メンバーの団結と全国の町とのつながりを使った「全国うまいもの祭」の成功を活かせないか
- **Weakness** 空き店舗を逆手に取って特色を出せないか
- **Opportunity** 地方の名産品への注目と全国の商店街の力をうまく利用したい
- **Threat** 大型スーパーやコンビニにはできない企画を立てる必要がある

これらを総合して対策を考えると、たとえば……

- 空き店舗を活かして「全国ふるさとうまいものショップ」を実施
- 毎週末1つの町をフィーチャーしたイベントを各地の商店街で順に共同企画

など、自分と市場の動きを取り入れた、新しい企画が考えられるようになります。

SWOTで効果的な対策を考えよう

プロジェクト

魚屋の父

商店街の課題

- ・客離れ
- ・空き店舗の増加
- ・チェーン店の増加

目的

より魅力的で多くの人が足を運んでくれる商店街へ!

SWOT分析

内部環境

Strength 強み

組合メンバーの団結力

全国の商店街との古くからの交流関係

それを活かした年1回の「全国ふるさとうまいもの祭り」が大盛況

Weakness 弱み

空き店舗が多く、さびれて見える
受け身のテナント受け入れ
チェーン店が増え特色が失われた

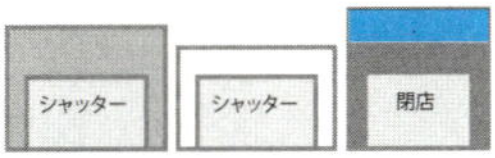

外部環境

Opportunity 機会

「全国ふるさとうまいもの祭り」への問い合わせも多数

全国の町からも「一緒に何かできないか」との声

Threat 脅威

近郊に大型スーパーが出店し、客が取られている

コンビニも増えており、特色がないと来てもらえない

意味合い

- メンバーの団結力と全国の町とのつながりを活かした「全国ふるさとうまいもの祭り」の成功を活かしたい（Sを活かし）
- 空き店舗を減らし、特色を出したい（Wを無効化し）
- 全国の町も乗り気だし、お客さまも興味を持っている（Oをとらえ）
- ライバルの大型スーパーやコンビニに負けない（Tを回避）打ち手が必要

打ち手

空き店舗を活かして、「全国ふるさとうまいものショップ」を実施。毎週末に、1つの町をフィーチャーしたイベントを開催し、現地の人たちと共同企画!!

LESSON

08

FAW

業界の競争構造をとらえるフレームワーク

FAWは、ある業界における競争構造の変化をとらえるためのツールです。FAWは〝Forces At Work〟の頭文字で、「影響要因」などと訳されます。つまり、**ある業界に影響を与えている要因を整理したフレームワーク**なのです。

FAWは、2つの切り口から成り立っています。1つ目は、業界そのものの競合状態を把握するための要因群です。そして2つ目は、業界を取り巻く外部環境の変化をとらえるための要因群です。

①業界の競合状態の要因群

・顧客ニーズの変化

需要の増減や、購買において重視する要素の変化などがあります。

・同業競合他社の動向

同業他社の戦略変更は大きな影響となります。また、新規参入者の登場は、業界のルールを書き換える場合があります。

・代替品の脅威・異業種他社との競合

異なる業種であっても、それが自社商品の代替品となる場合には、実質的な競合と言えます。エンドユーザーのライフスタイルを変えるような商品です。

・サプライヤーの変化

製品の品質やコストに直接的な影響をもたらすサプライヤーの動向です。

②市場環境変化の外部要因

・エンドユーザー

自社にとって直接的な顧客でなくとも、その商品のエンドユーザーの変化は必ず考慮します。高齢化などのデモグラフィー（人口統計学）の変化、ライフスタイル

の変化などはカギとなるでしょう。

・技術革新

かつて何度も、根本的な技術革新が多くの業界の競争構造を刷新してきています。

・政策・規制

法律や規制、政府による政策の変更もゲームのルールを規定します。特に中国などにおいては、その影響がより大きい場合があるので注意が必要です。

・マクロエコノミクス

円高が日本の製造業に深甚な影響を及ぼすように、為替や金利、インフレ等は重要な影響要因です。

ＦＡＷを活用することで、俯瞰的に業界を取り巻く環境を把握しましょう。

FAW（Forces At Work）

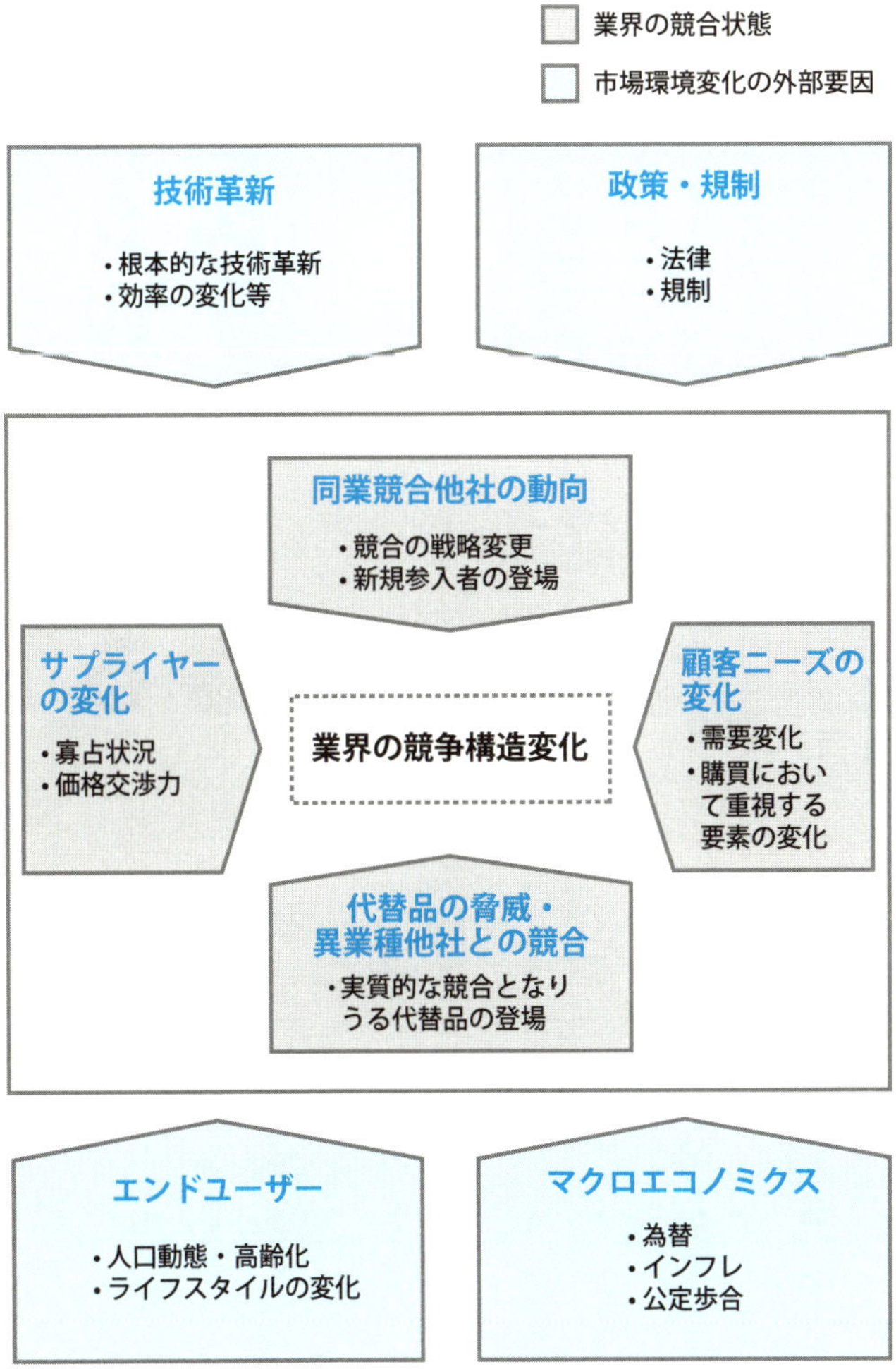
業界の競合状態
市場環境変化の外部要因
技術革新
・根本的な技術革新
・効率の変化等
政策・規制
・法律
・規制
同業競合他社の動向
・競合の戦略変更
・新規参入者の登場
サプライヤーの変化
・寡占状況
・価格交渉力
業界の競争構造変化
顧客ニーズの変化
・需要変化
・購買において重視する要素の変化
代替品の脅威・異業種他社との競合
・実質的な競合となりうる代替品の登場
エンドユーザー
・人口動態・高齢化
・ライフスタイルの変化
マクロエコノミクス
・為替
・インフレ
・公定歩合

FAW

事例

FAWから見る国内テレビ市場

FAWは、業界分析のフレームワークです。昨今苦戦をしていると言われる国内のテレビメーカー業界について考えてみましょう。

まずは、業界に**直接の影響を与える4つの力**を見ます。

①テレビ離れなどで、**「顧客ニーズ」**が低くなっている。

②パネルメーカーが価格をコントロールしているため、**「サプライヤー業界」**に対して、価格交渉ができず、コスト削減が難しい。

③サムスン、LGといった新興国の低コストプレイヤーの**「新規参入者」**に加え、大手小売店のPB商品など新たな**「競合他社」**が現れている。

④「**異業種他社・代替品**」としては、iPadなどのタブレット端末。スマートフォンでのユーチューブや動画配信サービスの視聴が、テレビの代用品になりつつある。

次に、これら4つの力を取り巻く、さらに大きな**4つのトレンド**を整理してみましょう。

トレンドの1つ目は、「**規制**」です。消費者がテレビを買わなくなっている一因は、エコポイントの終了、地デジ化の完了でしょう（エコポイントと地デジ化のおかげで、2010年まではポテンシャル以上に需要が喚起されていたとも言えます）。

2つ目は「**マクロ経済的な側面**」です。消費意欲の高い勤労人口が減少していることがテレビの国内市場の長期的な衰退につながっています。また、円高も日本のテレビメーカーに悪影響を与えています。

3つ目は「**社会的な変化**」です。インターネットや携帯電話に可処分時間が移っているなどのライフスタイルの変化が、テレビ離れをもたらしスマートフォンやタブレット端末などの代替品の脅威に影響しています。

４つ目が**「技術革新」**です。ブラウン管テレビからデジタル液晶テレビになったことで、日本企業が得意としていたアナログ的なすり合せの技術が陳腐化し、水平分業が進みました。このことが、サプライヤーの交渉力を高め、また新規参入が増えた背景になっています。またタッチパネル液晶やモバイル機器向けの高性能プロセッサーが廉価に製造できる技術革新が、タブレット端末などの代替品が生まれる土壌をつくっています。

このように、**業界に直接的に作用する４つの力と、それらの背景要因となっている４つのトレンドの相互作用を整理し、構造的に理解できることが、ＦＡＷの強みです。**

FAWで分析するTVメーカー業界

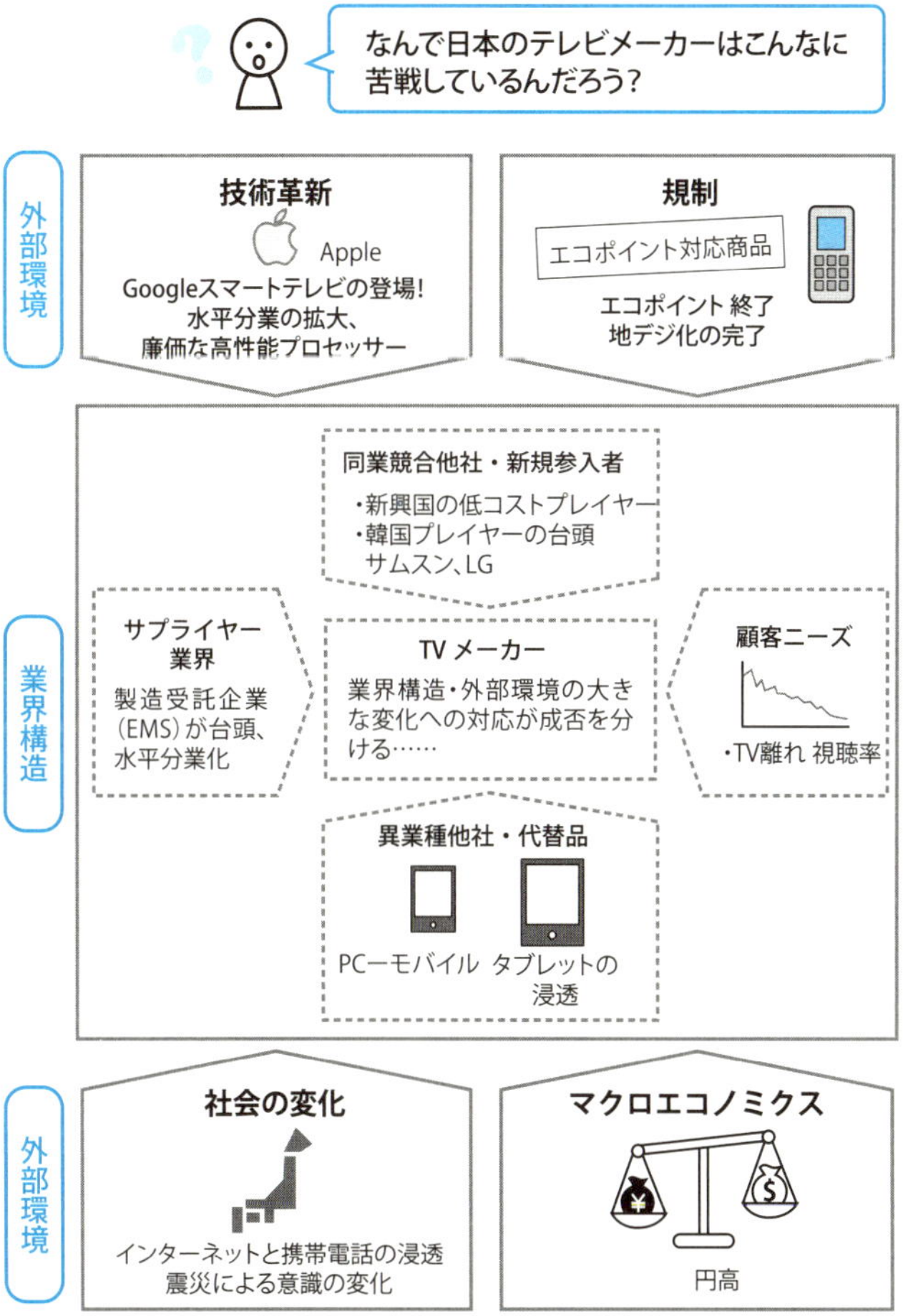

➡ FAWのフレームワークを活用することで、自社を取り巻く業界構造と外部環境の変化を包括的にとらえることが可能。

LESSON

09

PPMマトリクス

製品への投資を見極めるマトリクス

リソースは、常に限られています。しかし、ビジネスにおいては、限られたリソースを最大限活用して戦っていく必要があります。**どの領域に力を入れるべきか。どの商品にフォーカスして戦略を描くべきか。それらを考える際に活用できるのが、PPMマトリクスです。**

PPMとは、Product Portfolio Management を意味します。

このマトリクスは、2つの軸によって成り立ちます。**競合と比較した相対的なマーケットシェアと、マーケットそのものの成長性**です。これら2つの軸によって、製品を「問題児」「花形」「金のなる木」「負け犬」の4つの象限に分けます。

非常に有名なフレームワークですが、いくつかの点に気をつけないと、誤った使い方をしてしまいかねません。

・**問題児**
市場は伸びているが、まだ地位を確保できていない商品。花形にするべく投資をする必要がある。ただし、失敗して負け犬になってしまう可能性も大きい

・**花形**
伸びている市場の中で、一定の地位を築き上げた商品。高い売上を見込めるが、その地位を守るために依然投資が必要で、大きな利益は期待できない。負け犬にならないよう育て上げ、金のなる木へと脱皮させたい

・**金のなる木**
すでに市場は安定期に入り、そこでの地位も確立した商品。新たな投資が必要ないため、大きな利益を稼ぎだせる

・**負け犬**
売上も、利益も期待できない商品。早期に撤退すべき

●注意すべき点

①時間軸の概念が組み込まれている。

成功する商品は、必ず問題児→花形→金のなる木というパスを通ります。そして、どの段階からも負け犬になってしまう可能性をはらんでいます。

②製造業のように初期投資が大きく、規模の経済が働くビジネスを前提としている。

これらの前提が当てはまらないビジネスには活用できません。

ビジネススクリーニング・マトリクスは、PPMマトリクスを、より広いビジ

PPM マトリクス

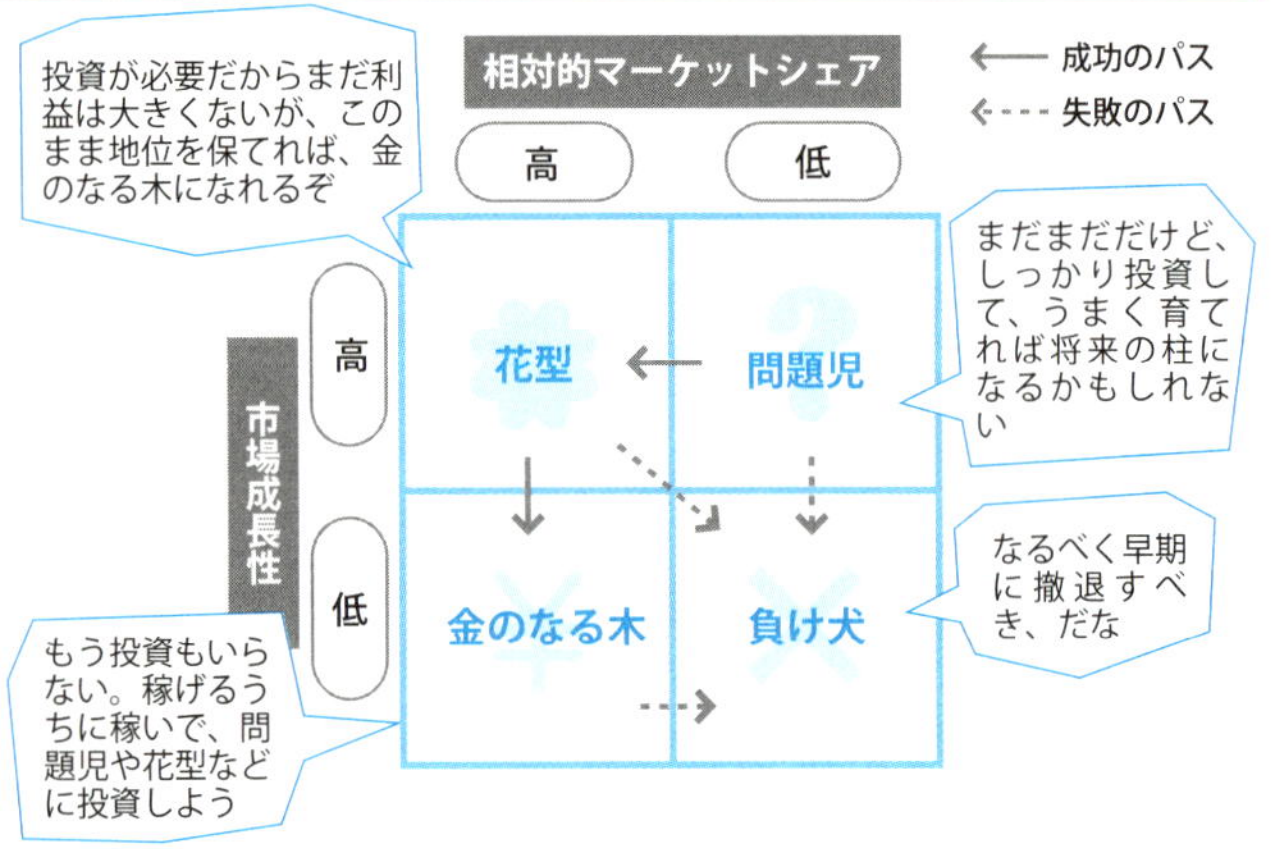

ネスにも活用できるように考えられたものです。個人のスキルにすら適用できます。

詳しくは、下の事例を参照してください。

ビジネススクリーニング・マトリクス

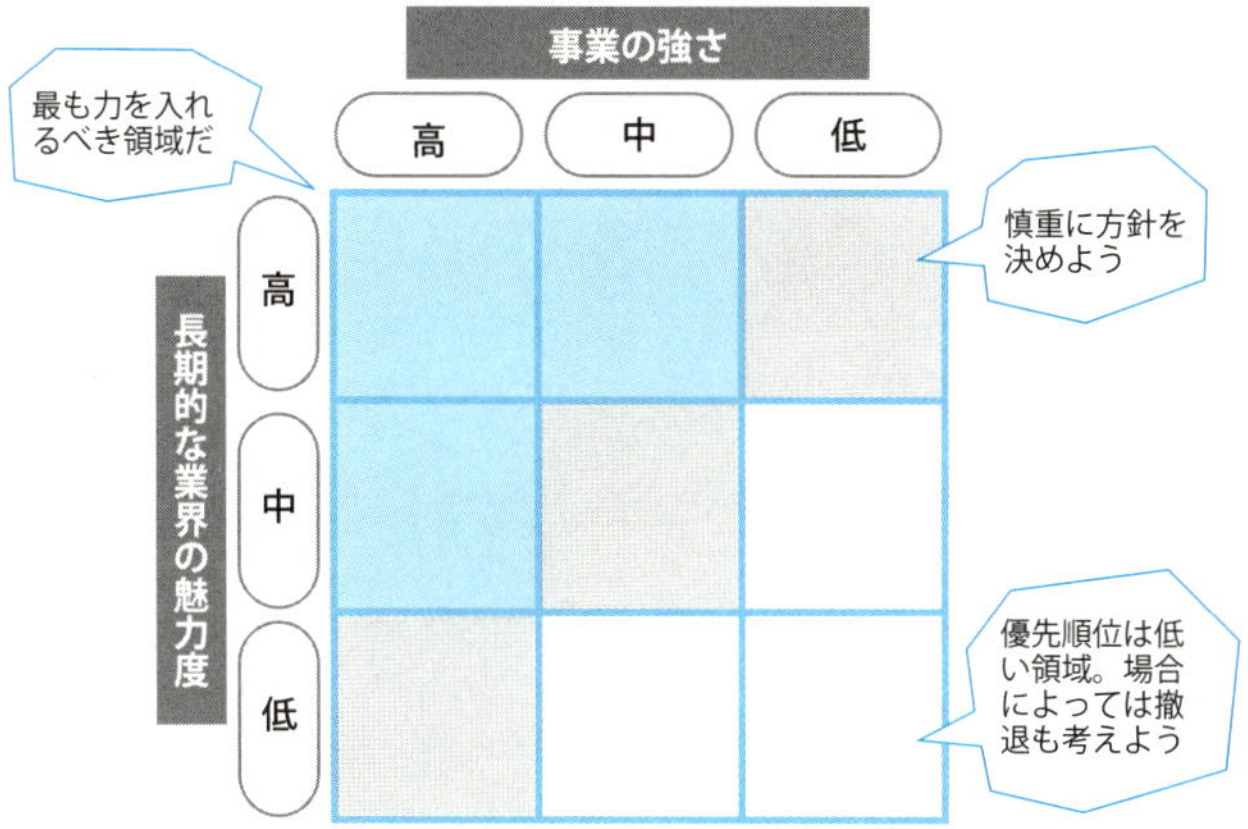

PPMマトリクス

事例

マトリクスで、投資すべきスキルを見極めよう！

広告代理店のプランナーとして活躍してきたAさん。一念発起して独立し、フリーのプランナーとして活動することを決心しました。

が、フリーランスで働いていくのはサラリーマン以上に難しいことです。そこでAさんはプランナーとしての**自分の価値を高めるために、ビジネススキルを磨くことにしました。**

いろいろと考えた結果、今後フリーランスとして活躍する上で重要そうなスキルをいくつかピックアップしてみました。「日常会話レベルの英語力」「SNSを活用したマーケティングのノウハウ」「ラジオ局との調整能力」「新聞への広告出稿のノウハウ」「紙媒体のデザインスキル」「ブランディングのノウハウ」です。

「どれも重要なスキルだと思うけど、すべてのスキルを磨くのに割く時間なんてないよ……」

あなただったらこんなとき、どう考えるでしょうか？

マトリクスを用いて、それぞれのスキルをマッピングしてみましょう。

今回は、それぞれのスキルについて、「どの程度習熟しているのか」と「長期的にどの程度魅力があるのか」という2つの軸でマッピングしてみました。

その結果得られたのが87ページの図です。

たとえば、「SNSを活用したマーケティングのノウハウ」は自分にとって強いスキルであり、かつ長期的にも魅力がありそうです。反対に、「ラジオ局との調整能力」は不得意な分野であり、長期的に考えればそれほど魅力的でもありません。

この結果から、それぞれのスキルの優先順位を付け、どの程度投資するかを決めていきます。

「ブランディングのノウハウ」は、しっかりと研鑽することで自分の強みになりそうなので、「積極的に投資」します。

一方で「新聞への広告出稿のノウハウ」については、得意領域ではあり、短中期的には稼ぎにつながりそうですが、長期的な魅力に欠けるため、あまり注力しすぎないようにするという見極めがつきます。


このように、**今考えられうるオプションを整理し、それぞれのオプションに対する取り組み方を考える**にあたり、「マトリクス」はとても強力なフレームワークなのです。

マトリクス
（ポートフォリオ・マネジメント／ビジネススクリーニング）

広告代理店でこれまでに培ってきたスキルを活かしてフリーランスで働こうと思う。でも、これからどのスキルに投資していくべきなんだろう？

スキルのリスト

- 日常会話レベルの英語力
- ラジオ局との調整能力
- 紙媒体のデザインスキル
- SNSを活用したマーケティングのノウハウ
- 新聞への広告出稿のノウハウ
- ブランディングのノウハウ

ビジネススクリーニング・マトリクスを活用してスキルをマッピング

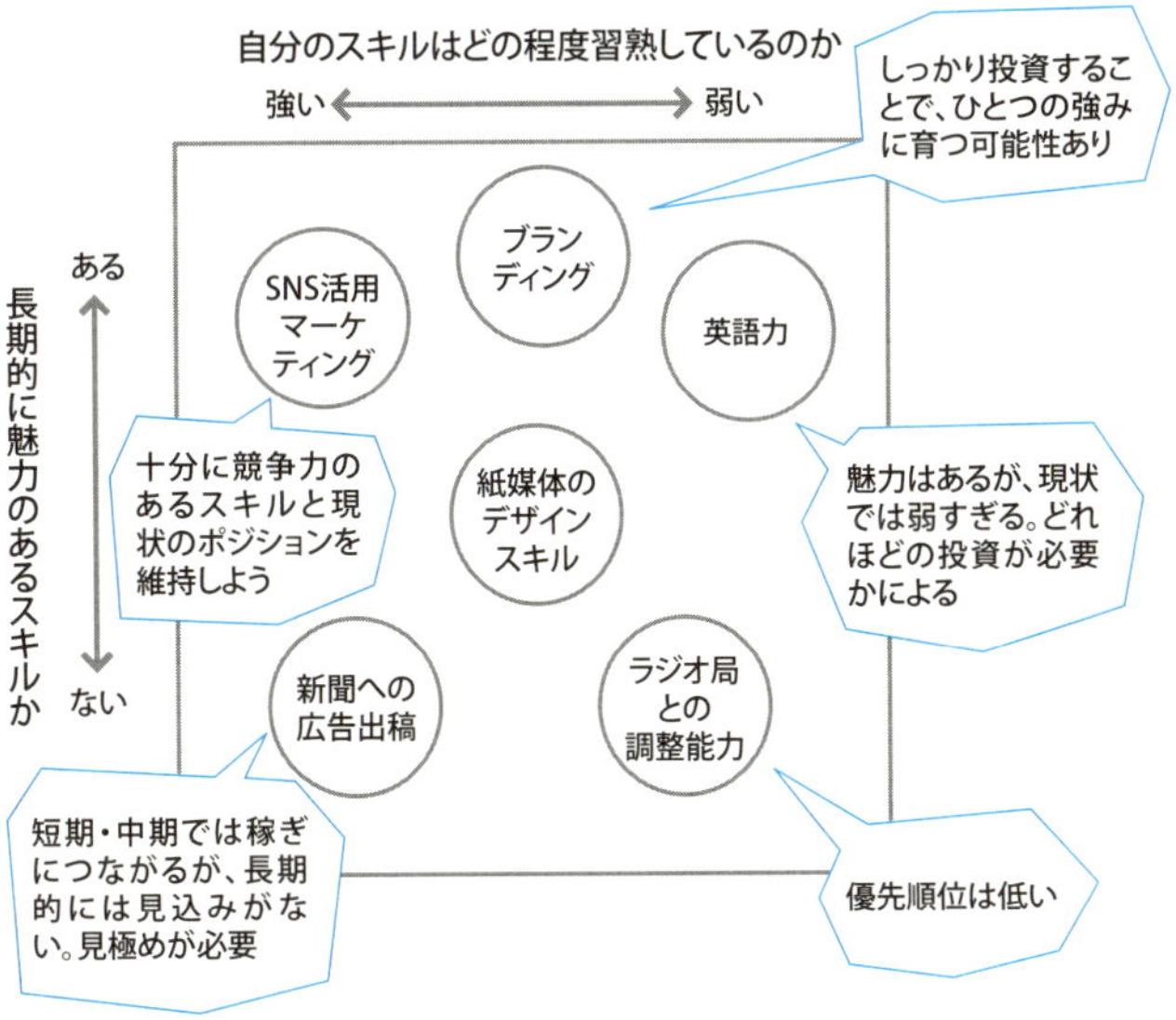

LESSON

10

ビジネスシステム

付加価値が創造されるプロセス

「全社改革に向けて、まずは問題点を洗い出せと言われたが、どこから始めればいいのか見当もつかない」

「この事業がどのようにサービスを作り上げていっているのか、分析しておきたい。しかし、さまざまな要素が絡み合っているし、うまくまとまるだろうか……」

ビジネスシステムは、そんな時に活用できるフレームワークです。

ビジネスシステムとは、ある企業や事業が「付加価値」を生むプロセス（流れ）

ビジネスシステム

企業によってビジネスシステムが違う

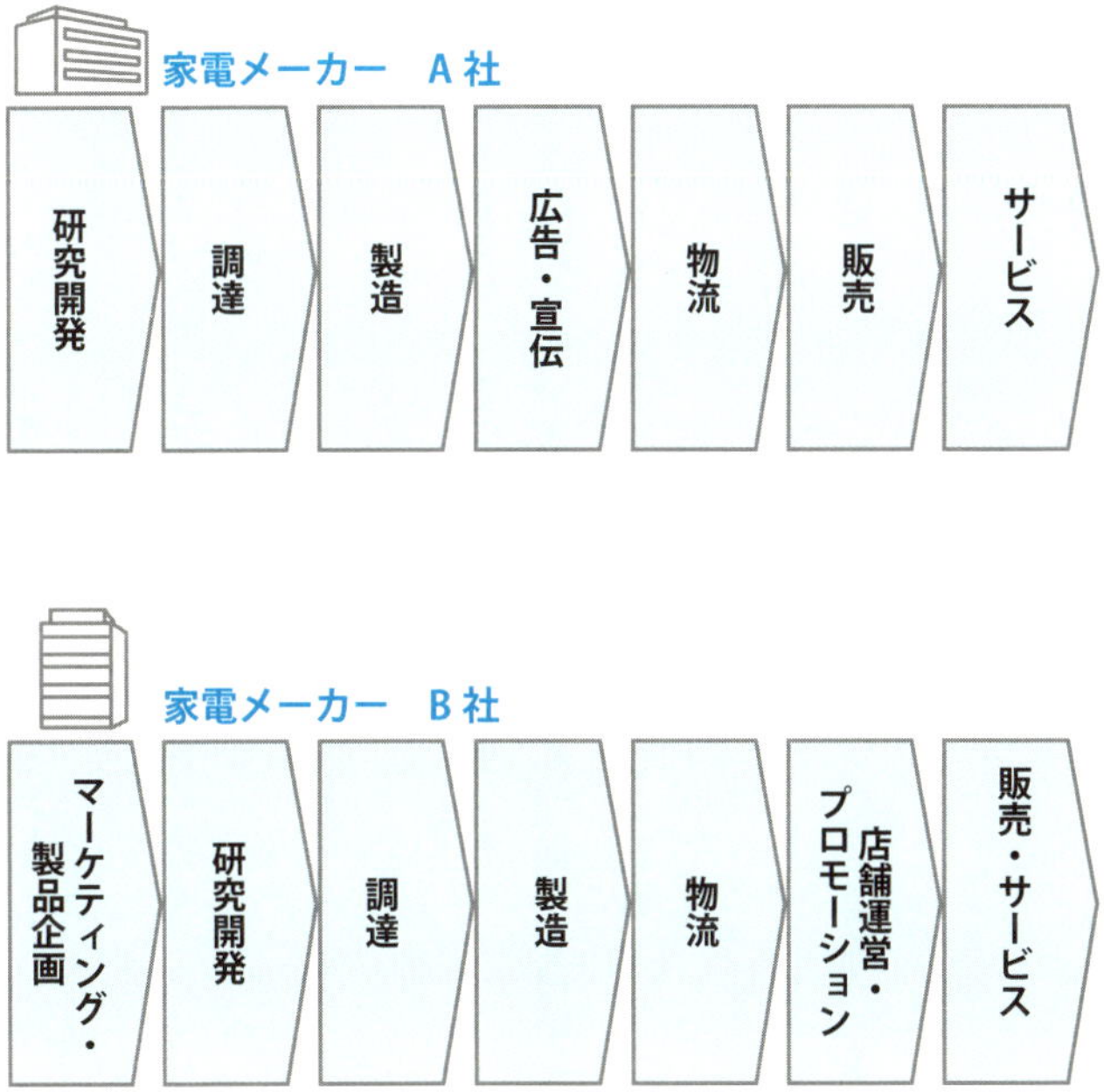

をMECEに分解し、リソースのインプットから成果のアウトプットに向けて順番に並べたプロセスです。

付加価値が創造される全プロセスを俯瞰的に把握することで、次のような分析の大きなサポートになります。

たとえば、

- **最も大きな価値を生んでいるステップはどこなのか**
- **自社はどのような問題を持っていて、そのために何をすべきなのか**
- **自社と他社の違いはどのステップで生まれているのか**

ビジネスシステム自体が、競争力の源泉となっているような場合もあります。ただし、業種や時代によって、並び方や項目が異なります。また、同じ事業でも、企業によって異なる場合もあります。

人や資金を投資するインプットから、製品やサービスができるアウトプットまでのプロセスは、一般的に、次のようになります。

研究→開発→調達→生産→広告・宣伝→流通→販売→サービス

これらのプロセスに分解することで、うまく機能していないプロセスを明確にすることができます。

また、自社の問題点や改善方向を考えたり、自社と他社の比較をする際の切り口としても有用です。

ビジネスシステム

事例

ビジネスシステムから見たアップルの強み

今、最も気になる会社はどこですか？　とアンケートをとったら、1位はアップルかもしれません。iPod、iPhone、iPadと大ヒットを飛ばし続け、世界中に熱狂的なファンを抱えるアップルは常に注目の的です。

故スティーブ・ジョブズ氏のパフォーマンスや製品のデザイン、そしてiTunesの仕組み……。

では、アップルをビジネスシステムのフレームワークで切り取って見てみましょう。

・**開発**
洗練されたデザインとユーザーにとっての使い勝手や使い心地への、パラノイア的と言われるほどのこだわり。細部にまで配慮を行き届かせた製品開発は、まさにアップルの根幹です。

・**調達**
製品の仕様を世界中で統一し、パートナーを絞り込み、質を担保。必要であればパートナー企業に大胆な投資を実施し、体制の構築をはかります。また、仕様の統一は同時に大量発注を可能にし、大幅なコスト削減にもつながっています。

・**製造**
部品もアップルがデザインしますが、製造を他社に委託することで、スピードと質を確保しています。

・**物流**
独自の在庫管理システムにより、製品の配送状況、店頭在庫量、販売実績をリアルタイムで把握。世界中で過剰在庫と品切れを極力抑えるような仕組みを構築しています。

・マーケティング

トップ自らによる強烈なプレゼンテーション。そして、その日程・場所の選択も、競合による大きな発表のある日に被せ、隣の建物で大々的に実施するなど、非常に戦略的。スタイリッシュなCM等、ブランディングにも力を入れています。

・販売

直営店ではブランドを意識した商品ディスプレイやエキスパートによる丁寧な説明を実施するなど、販売でもそのブランドイメージを強化しています。

・サービス

iPodに対するiTunesなど、製品の使用体験を大きく左右するサービスも合わせてデザインし、総合的なユーザー体験を提供しています。

このように、アップルは目立たない部分も含めて、ビジネスシステムのすべての側面で、その強みを醸成しているのです。

ビジネスシステムから見たアップル

大ヒットを飛ばし続け、熱狂的なファンを多く抱えるアップル。ビジネスシステムのフレームワークで考えてみると、すべてのステップで、強みを醸成していることがわかる。

開発	調達	製造	物流
パラノイア的とも言われるほどのデザインと使い勝手へのこだわりで、細部にまで配慮を行き届かせた開発を実施。	仕様を世界で統一することで、質を確保し、大量発注による大幅なコスト削減を実施。必要であればパートナーに投資も行う。	部品も含め自社がデザインし、製造は強みを持った他社に委託することで、スピードと質を確保。	独自の在庫管理システムにより、配送中在庫、店頭在庫と日々の販売実績を把握。世界中で過剰在庫と品切れを極力抑える仕組み。

アップルはすべてのステップで一貫して強みを醸成

マーケティング	販売	サービス
(故スティーブ・ジョブズ氏等)CEO 自らによる強烈なプレゼンテーション、スタイリッシュな CM 等、ブランドを意識した統一感のあるマーケティング。	自社ウェブサイトでのカスタマイズや、直営店でのブランディング等、販売においてもブランドを強化。	製品を包括するサービスをあわせて提供することで、総合的なユーザー体験を創出。

織田信長は
プロジェクトのフレームワークの達人

事業やプロジェクトの状況把握によく使うフレームワークが、PART2でご紹介した5つです。

ここでのポイントは、2つ。1つ目は、**状況をしっかり網羅できているか**、2つ目は、**大事なポイントがどこかを理解できているか**です。

多くのプロジェクトで、クライアント企業とお仕事をすると、1つの特出した事実をベースに、1つの新しいアクションを計画していることが多いです。これは、一点突破戦法で、なかなか成功しません。何よりも致命的なのが、突破が失敗した時に、全体の状況を理解していないために、代替案がなく散ってしまうことが多いことです。

桶狭間の戦いで、一騎駆けをし、勝利をおさめた戦国武将の織田信長。クレイジーで、奇天烈な武将だった印象が強いですが、実は、彼はとても計画的で慎重な武将であったとわたしは分析しています。

冷静に戦況を分析し、戦国時代版のSWOTをしたか、FAWを使ったかは定かではありませんが、網羅的に戦況を把握した上で、勝率が7割以上と判断しないと攻めなかったというエピソードが側近たちの記録に残っているようです。

一騎駆けをした桶狭間の戦いも、一見、一点突破の戦略に見えますが、冷静に状況を見ると違った状況が見えてきます。桶狭間の戦いは、今川軍２万５０００対織田軍３０００の兵力差があったと言われています。しかし、織田信長がクレイジーな戦法である一騎駆けをした場面は、今川本陣２０００対織田本隊２０００という、局所的な兵力大差で勝っています。

冷静に状況分析をし、大事なポイントがどこか見極めた後に、勝てるところで勝負した。しかもかっこつけて。これは非常に、桶狭間の戦いという「プロジェクト」を上手に分析し、打ち手を考え、勝利を導いたと言えると思います。

その後も、常に信長は圧倒的な兵力で連勝していきます。

信長のトレードマークである短気という性格も、実は慎重であり几帳面であるところから来ていたような気がします。

どんな勝負師にも共通していることですが、勝てる勝負に集中するというのが鉄則のようです。戦国時代では、負ければ即滅亡に直結しますから、十分な準備をしていたと思われます。

現代のビジネスでは、さすがに家族全員滅亡はないですが、緊張感がある中で判断を求められていることは変わりないと思います。ここでご紹介した事業・プロジェクトのフレームワークを使い、全体の状況を冷静に把握した上で、アクションにつなげていただければと思います。

一騎駆け、あっぱれ！

PART3

マーケティングのフレームワーク

LESSON

11

4P／5P

マーケティングの基本となるフレームワーク

マーケティングなしに、売上を確保することはできません。マーケティングは、事業・プロジェクト運営において避けては通れない、最大のテーマのうちの1つです。

「新商品のマーケティング戦略を考えてくれと言われたけど、自信ないなあ。マーケティングってセンスが大事そうだし……」

「過去にうまくいった事例を参考に、新商品のマーケティング施策を描かなくてはならない。しかし、いったいどこを参考にすればいいんだ」

「売上が落ちているこの製品、どう巻き返しをはかればいいんだろう。会議でたくさんアイデアは出たけれど、どれも抽象的。どう整理すればいいんだろう……」

こんな悩みを抱く人も、少なくないのではないでしょうか。

４Ｐは、こんな時に威力を発揮する、**マーケティングの基本となるフレームワークです**。ターゲットとなる顧客に対して、モノやサービスを販売する際に、必ず把握すべきポイントを押さえています。

どのような製品（Product）を、**どんな価格（Price）**で、**どの流通手段・売り場（Place）**を用いて、**いかなる販売・販促方法（Promotion）**で顧客のもとに届けるのか。これに**外装・デザイン（Package）**を加えて、５Ｐという場合もあります。

これらの軸を意識することなしに、効果的なマーケティング戦略を描くことはできません。

大失敗に終わった過去の施策の分析でも、業界1位であり続けている競合の戦略を把握する上でも、新商品のマーケティング戦略を立案する上でも、4P／5Pで切り取ることは、明確な視点を持つために不可欠なフレームワークなのです。

冒頭にもありましたが、生まれながらのセンスがなくても効果的なマーケティングは可能です。マーケターたちは（明確に意識しているかどうかは別にしても）これらの要素をバランスよく考慮した上で施策を練っています。

派手なプロモーションの陰に、地道な販路の拡大の努力が隠されていたり、商品の力で売れていると思われているケースが、実は売り場の作り込みが最大の秘訣だったり。このフレームワークを用いることで、そういった事実をあぶり出すことができるのです。

4P ／ 5P を構成する要素

P roduct　製品

製品の提供する価値、機能、特性などの主な特徴

P rice　価格

製品の価格。
安いのか高いのか、上がっているか下がっているかなど

P lace　流通手段・売り場

どのように製品が流通し、どこで手に入れることができるのか

P romotion　販売・販促方法

製品の魅力をどのように伝え、どのように買うことができるのか

P ackage　外装・デザイン

製品はどのような見た目で売られているのか

事例

4Pから見るアマゾンのキンドル戦略

アメリカで爆発的なヒットとなり、日本でも販売されている、米・アマゾン社の電子書籍端末「キンドル」。

国内電子書籍市場を席巻するとささやかれているこの商品についてのアマゾンのマーケティング戦略を４Ｐで分析してみましょう。

① Product

- Wi-Fiや３Ｇ回線を利用し、ＰＣなどを介さずにダウンロードできるタブレット端末。

- 電子書籍だけでなく、自社の全オンライン商品の購買体験の最適化に特化。
- キンドル・タッチ、キンドル・ファイアなど、多彩なモデルを矢継ぎ早に投入。

② **Price**

- 製造原価以下といわれるほどの低価格設定（キンドル・ファイアモデルで64ドル。最新のローエンドモデルで79ドル）。
- アップルやサムスンよりも圧倒的に安い価格設定。
- 携帯電話網の通信料もアマゾン側が負担。

③ **Place**

- マーケットで強固な地位を確立している自社のAmazon.comサイトで販売。
- Amazon.com のインフラを活用した迅速な配達、送料無料等、購買体験を向上。

④ **Promotion**

- CEOのジェフ・ベゾス自ら大々的なプロモーション。

- Amazon.com 上での広告宣伝など、効果的に販売を促進。

4Pで切り取ってみると、アマゾンの戦略が見えてきます。

- 低価格や販促を武器に、一気に製品浸透を図り、未成熟市場の中で業界のスタンダードを取る。
- Amazon.com での購買体験に特化した端末で圧倒的に快適な使い勝手を提供。

収益を上げる対象は、端末の販売ではなく、端末を通した電子書籍やその他商品の販売。そんな戦略が見えてきます。

端末（ハードウェア）はお買い物につながるリアル店舗のようなもの。お店を開設するのに相応の初期投資（＝赤字）は必要。

まず店舗を拡大して、来客を増やし、お買い物をしてもらうことで儲ける、というビジネスモデル。それを、4Pのすべての要素をしっかりとカバーするようなマーケティング戦略が支えています。

アマゾンのキンドル戦略を 4P を通して見てみよう

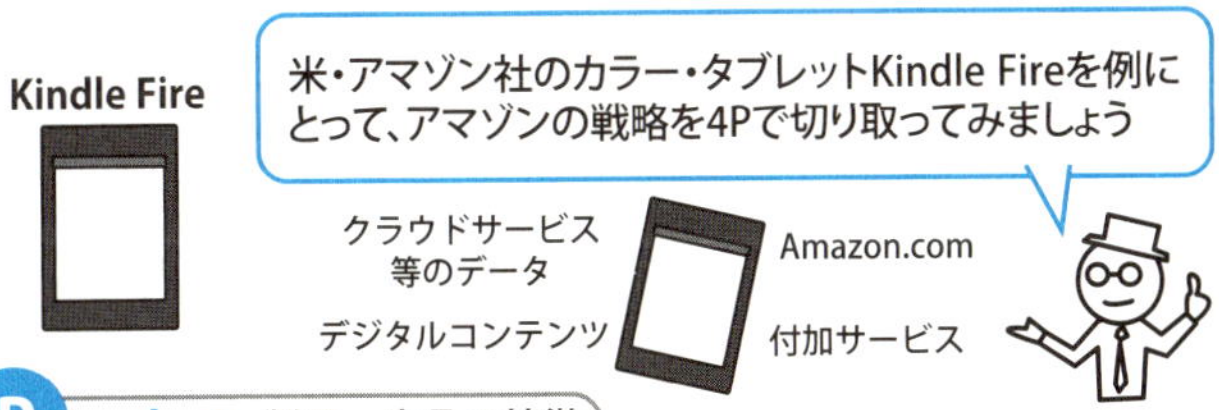

Product　製品・商品の特徴

電子書籍等のデジタルコンテンツに加えて、アマゾンが抱える巨大なオンラインマーケットでの購買に最適化されたタブレット。会員サービスとの連携・快適な利用のためのコンテンツの充実・付加サービスの提供などにより、継続的な使用・購買を促進
（例　クラウド・サービス等）

Price　価格

製造原価よりも安いと言われる価格（64 ドル）が最大の特徴のひとつ。他社製品よりも圧倒的に安い価格で急速な浸透をはかった。同時に、モノクロのキンドルは 79 ドルへと値下げを実施

Place　販売場所

マーケットで強固な地位を確立している Amazon.com での販売
Amazon.com のインフラを活用した顧客体験（迅速な配達・送料無料など）

Promotion　プロモーション・販売促進

CEO のジェフ・ベゾス自らの大々的なプロモーション、及び Amazon.com のトップページでの広告宣伝等、効果的に販売を促進

LESSON

12

セグメンテーション

効果的なマーケティングのための消費者のグルーピング

マーケティングの最初の一歩は、そもそも「誰に対して」商品を売ろうとしているのか、ターゲットを明確にすることから始まります。

が、「誰に」と言っても、世の中には老若男女さまざまな人がいます。住んでいる場所も、ライフスタイルも、趣味も嗜好もバラバラ。現代の消費者のニーズは実に多様化しています。

そんな時に、**的確なターゲットをあぶり出すために、活用できるのがセグメンテーションです。**さまざまな切り口の中から、マーケティングにとって最も有効な切り口を見つけ、それによって消費者を切り取ります。つまり、**マーケティングに向け**

た消費者のグルーピングをするのです。

セグメンテーションには、2つの手法があります。1つは、対象となる消費者を細分化していく手法。2つ目は、断片を集めて統合し、新たなグルーピングを作る手法です。

①細分化の手法

2つ、例をあげてみます。

・人口統計学（デモグラフィック）ベース

性別（男／女）、年齢（10代／20代）、居住地（東日本／西日本）、勤労形態（正社員／派遣／パートタイム）

・行動ベース

購入履歴（ある商品を買ったか／未購入か）、生活リズム（朝型／夜型）

②断片の統合の手法

一例として、**ニーズ・ベースのセグメンテーション**を見てみましょう。

カフェの顧客にアンケートをとってみたら、コーヒーを味わいに来ている人たちと、友だちと話に来ている人たち、そして集中しやすい環境を求めて仕事や勉強をしに来ている人たちがいることが分かった。それぞれを、以下のように名付けた。

コーヒー好きセグメント（40～50代の男性が多い）

おしゃべりセグメント（30～40代の女性が多い。デザートも注文する場合が多い）

ノマド・セグメント（20～30代が多く、滞在時間が長い）

このように、それぞれ全く異なるものを求めているグループがあぶり出されました。それぞれ、提供すべきものも、課題も異なりそうです。どこに注力すべきか、という議論もありそうです。

セグメンテーションを実施することで、マーケティングの最初の一歩を考えることができるのです。

セグメンテーションとは

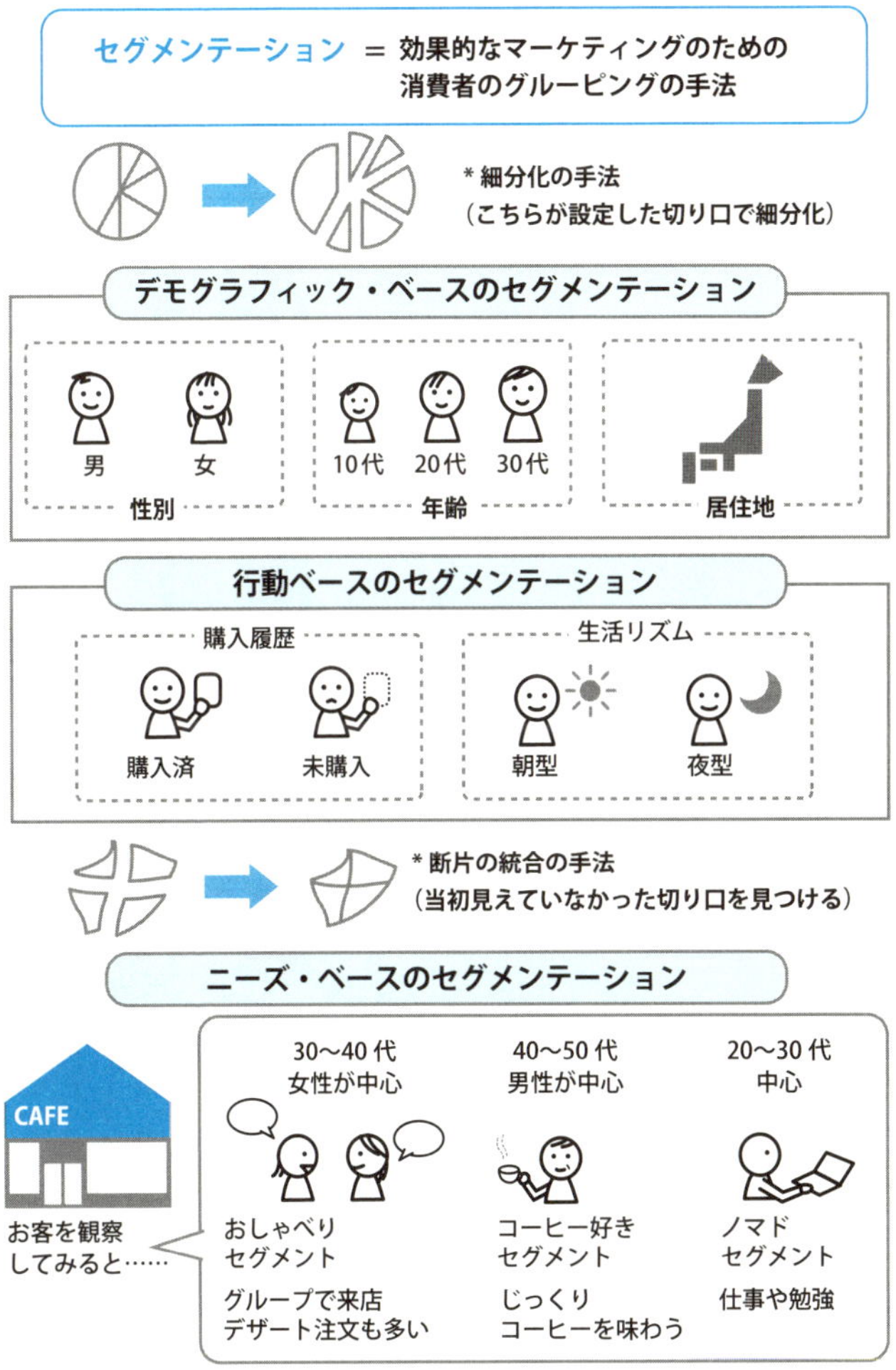
セグメンテーション ＝ 効果的なマーケティングのための
消費者のグルーピングの手法
＊細分化の手法
（こちらが設定した切り口で細分化）
デモグラフィック・ベースのセグメンテーション
男
女
性別
10代
20代
30代
年齢
居住地
行動ベースのセグメンテーション
購入履歴
購入済
未購入
生活リズム
朝型
夜型
＊断片の統合の手法
（当初見えていなかった切り口を見つける）
ニーズ・ベースのセグメンテーション
CAFE
お客を観察
してみると……
30〜40代
女性が中心
おしゃべり
セグメント
グループで来店
デザート注文も多い
40〜50代
男性が中心
コーヒー好き
セグメント
じっくり
コーヒーを味わう
20〜30代
中心
ノマド
セグメント
仕事や勉強

セグメンテーション

事例

ニーズ・ベースのセグメンテーションで百貨店の客層を見てみよう！

効果的にセグメンテーションを使うために、うまくいかないセグメンテーションを、まずは見てみましょう。

とある百貨店で……

店員「最近、30代女性のお客様の売上が落ちています」

マネジャー「そうか、では30代女性向けの販促キャンペーンを考えてくれ」

店員「……（30代の女性といっても、独身の人も、子供がいる人もいろいろいるし、どんな商品を、どのような形で売ればいいんだろう？）」

ありがちなのが、性別や年代といった要素でのセグメンテーション（**デモグラフィック・ベースのセグメンテーション**と言います）ですが、これでは、顧客の求めているニーズが見えてきません。

もっと**ニーズにフォーカスしてセグメンテーション**を考えてみましょう。

店員「うちの百貨店のポイントカード加入者の購買データを分析すると、ベビー・子供関連商品を購入する小さいお子さんのいらっしゃる『パパ・ママ層』が約15％いることがわかりました！」

マネジャー「そうか、では、子供連れでも快適にお買い物をしてもらえるような企画を考えてくれ」

店員「それでは、子供一時預かりサービスや子育てセミナーを実施するのはいかがでしょう？　長時間お店に滞在いただくことで、子供用品以外の売上にもつながるはずです！」

このように、ニーズ・ベースでセグメンテーションを考えれば、顧客の求めているものや行動が具体的に明らかになり、どのような施策を考えればヒットしそうかイメージしやすくなります。

ほかにも、「平日昼間に、ブランド品や高級食材などのちょっと良いものを購入する『リタイヤ層』」「バーゲンセールの時期だけを狙って来店・購入する『しっかり者層』」などいろいろなセグメントが考えられます。

セグメントの特徴をよく表す名前（例：「パパ・ママ層」）をつけると、より考えやすくなるとともに、イメージを共有しやすくなります。

セグメンテーションの切り口を変えてみよう

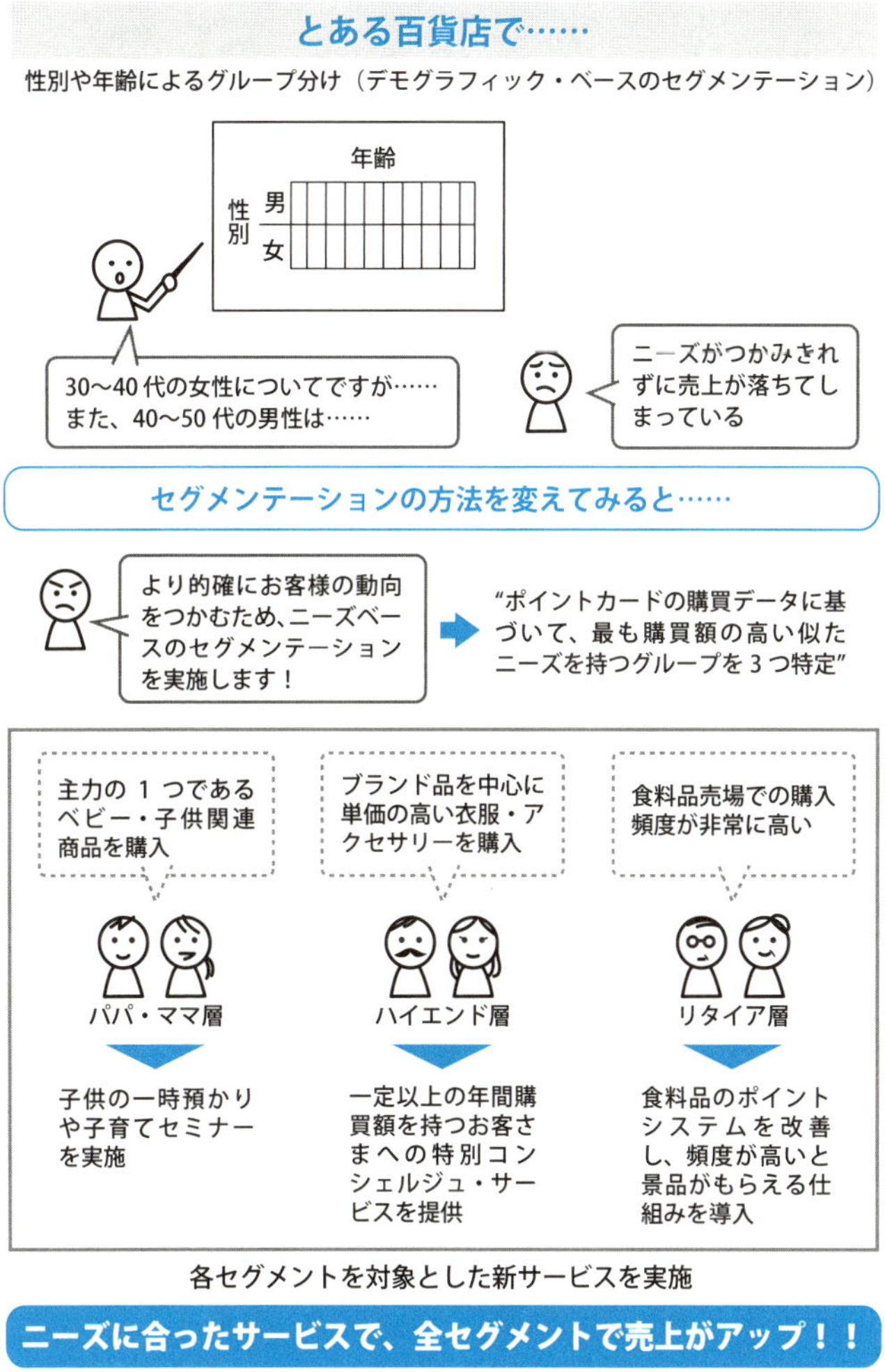

とある百貨店で……
性別や年齢によるグループ分け（デモグラフィック・ベースのセグメンテーション）
年齢
性別
男
女
30～40 代の女性についてですが……
また、40～50 代の男性は……
ニーズがつかみきれずに売上が落ちてしまっている
セグメンテーションの方法を変えてみると……
より的確にお客様の動向をつかむため、ニーズベースのセグメンテーションを実施します！
“ポイントカードの購買データに基づいて、最も購買額の高い似たニーズを持つグループを 3 つ特定”
主力の 1 つであるベビー・子供関連商品を購入
ブランド品を中心に単価の高い衣服・アクセサリーを購入
食料品売場での購入頻度が非常に高い
パパ・ママ層
ハイエンド層
リタイア層
子供の一時預かりや子育てセミナーを実施
一定以上の年間購買額を持つお客さまへの特別コンシェルジュ・サービスを提供
食料品のポイントシステムを改善し、頻度が高いと景品がもらえる仕組みを導入
各セグメントを対象とした新サービスを実施
ニーズに合ったサービスで、全セグメントで売上がアップ！！

LESSON

13

ブランド・コンセプト・ピラミッド

ブランドが成り立つ要素を可視化するフレームワーク

近年、ブランドの重要性が叫ばれています。

「機能を充実させても売れない時代だ。消費者の心をつかむようにブランドを強化しよう」

「いたずらに価格競争に走っているだけでは生き残れない。ブランドを高めて、差別化をはかることが肝要だ」

企業買収においても、ブランドの価値が評価額に大きな影響を与える場合もあります。

商品・企業だけでなく地域のブランディングや、「セルフ・ブランディング」など個人のブランドをどう構築するかにも注目が集まっています。

一方で、こんな声も聞こえてきそうです。

「そうは言っても、ブランドなんて曖昧なもの、どうつくればいいかわからないよ。センスのある人がいないと構築できないでしょ」

しかし、一見曖昧に思われるブランドについて考える際にも、フレームワークは有効です。

ブランドがどんな要素で成り立っているのかを可視化するのが、ブランド・コンセプト・ピラミッドです。

ブランド・コンセプト・ピラミッド

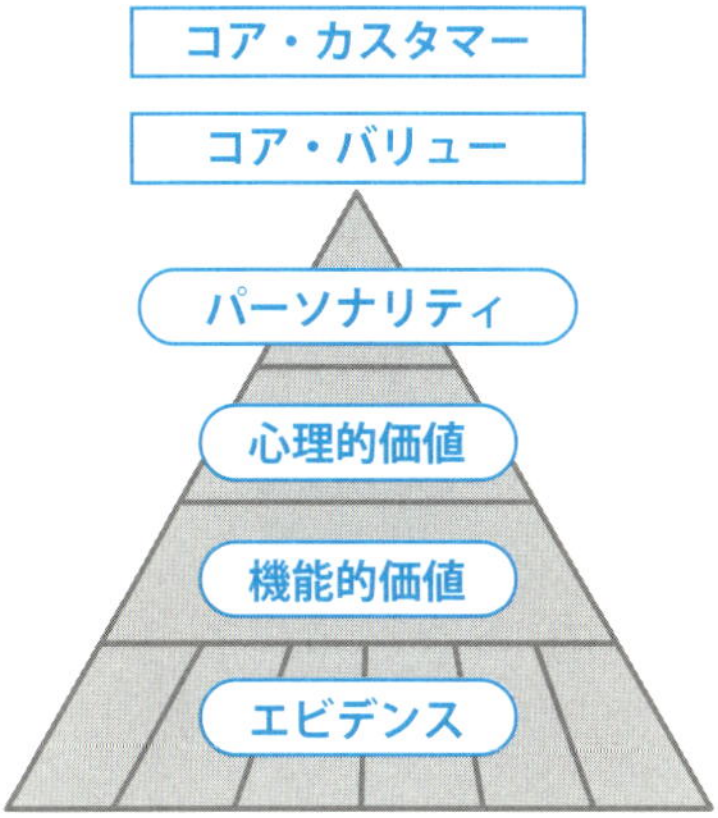

まずは、最も重要なターゲットとなる「コア・カスタマー」を定義することから始まります。「コア・カスタマー」にどんな価値を提供するのかを決めます。それが「コア・バリュー」です。その実現のために、ピラミッドを構築するのです。

ピラミッドは、下から、エビデンス、機能的価値、心理的価値、パーソナリティの順に構築されています。

「エビデンス」とは、機能や価格や実績など、すべての価値の根拠となる客観的事実の集合です。

それらのエビデンスの中で、実利的な側面を持つ要素、機能や物理的な性能等

ブランド・コンセプト・ピラミッドの例

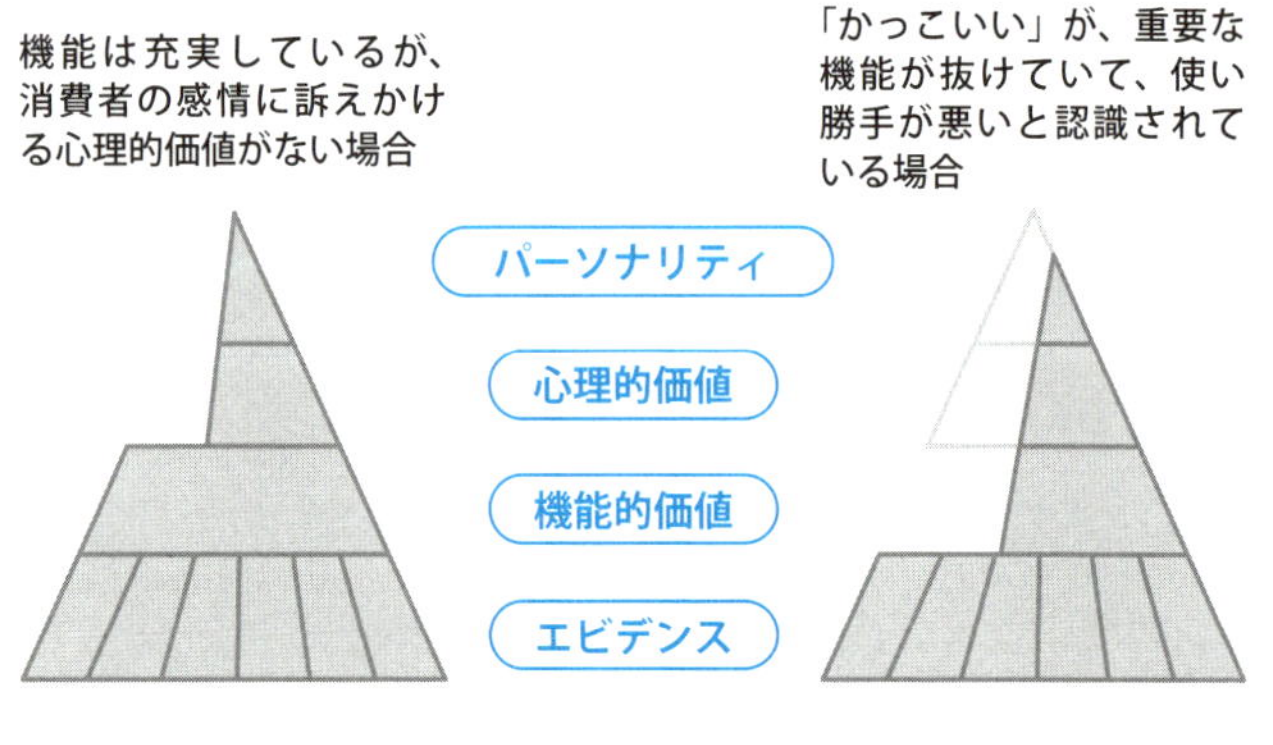

によってもたらされるものが**「機能的価値」**です。信頼性、品質、価格等が代表的な要素となります。

一方で、**「心理的価値」**は消費者の気分や感情に与える影響によって認識される価値です。持っていると自慢したくなる、高揚感が味わえる、リラックスできる等が挙げられます。

これらが、**「パーソナリティ」**を支えます。これは、企業や商品のパーソナリティであるだけでなく、ブランドが浸透すれば消費者のパーソナリティにもなり得ます。たとえば、デザインへのこだわり、ロハスなライフスタイル、都会的でスマートといった個性は、ブランドのパーソナリティになります。

ブランド・コンセプト・ピラミッド

事例

ブランド・コンセプト・ピラミッドで見るブランドの優等生「BMW」

BMWは、さまざまなブランドのランキングでも常に上位に登場する、**ブランディングの優等生**です。BMWを例にとって、強いブランドがいかにしてその地位を築き上げているのか、ブランド・コンセプト・ピラミッドを活用して見ていきましょう。

コア・バリューは、有名な「駆け抜ける歓び」です。これはBMWのホームページをはじめ、ありとあらゆる場面で登場するBMWを凝集した一言です。**既存の高級車では満足できず、より「運転することの歓び」を求めているコア・カスタマー**への明確なメッセージなのです。

またこの「駆け抜ける歓び」は、車のみならずライフスタイル全般を表しています。その結果、**BMWを所有することで、「チャレンジ精神」を持ち、「洗練された」「ダイナミック」な人生を送る人、というパーソナリティを持つことができる**というメッセージにつながるのです。

コア・バリューを守るための**エビデンス**を見てみましょう。

まず、従業員に対する非常に高いブランド教育。ディーラーも例外ではありません。

実際の車の性能も、もちろんそれを支えるエビデンスとなっています。コア・バリューが多様なレベルで浸透しているからこそ、コア・バリュー実現に向かってさまざまな取り組みがなされ、結果「本物の走り」としての機能的価値につながっているのです。

高級車であると同時に、「本物の走り」を提供する。このことが、昔ながらの高級車と異なる、プレミアムながらも先進的でチャレンジングという新たなポジショニングを生み出したのです。

この結果、ＢＭＷの哲学に共感すること、それ自体が自らの感性の新しさを示すことになり、情緒的価値を生んでいます。

ＢＭＷは、より広い顧客層にその商品が売れるようになって以降も、主たるターゲットとしてのコア・カスタマーを変えていないそうです。コア・カスタマー以外の声を取り入れてしまうと、「プレミアム」という価値を損ねてしまうからです。

あえてごく一部の層をコア・カスタマーとして定義することで、彼らのライフスタイルに憧れを持つ層までも大きな顧客層へと変えてしまう。

そして、それら顧客に変わらぬ価値を届けるために、ＢＭＷは商品開発からディーラーでの営業まですべてに一貫性を持たせて、ブランドをデザインしているのです。

BMWのブランド・コンセプト・ピラミッド

コア・カスタマー　人生を駆ける人、3％のプレミアムな人

コア・バリュー　駆け抜ける歓び

パーソナリティ　チャレンジ精神、洗練された、ダイナミック

心理的価値　既存の高級車と一線を画すブランド哲学への共感による歓び

機能的価値　本物の走り

エビデンス

［商品］徹底した研究開発投資、デザイン管理、シリーズの一貫性

［ディーラー］単なる販売でなく、BMWの「価値観の提供」に関する教育の徹底

［コミュニケーション］ツールのすべての価値観を体現

LESSON

14

AIDA

消費者が購買にいたるまでの意思決定のプロセス

社の命運をかけて、自社の人気商品の大々的なプロモーションをすることになりました。

でも、ちっとも売上が上がりません。広告やキャンペーンなど、あらゆる手段を使っているのに。なぜでしょう？

アンケートでは、多くの人が「商品を知っている」「興味がある」と答え、「欲しい」と言う人までいます。では、なぜ購入に至っていないのでしょう？

そんな時に知っておきたいのが、ＡＩＤＡです。**ＡＩＤＡは、消費者が購買に至**

るまでの意思決定過程を分解したフレームワークです。

① Attention（注目）
② Interest（興味・関心）
③ Desire（欲求）
④ Action（行動）

そもそも商品を知っているのか。知っているとすれば、興味は持ってもらっているのか。関心を持ってくれた顧客に魅力は伝わり、欲しいと思ってもらっているのか。そして、それは確実に行動、つまり購買へと至っているのか。

冒頭の事例で言うと、Desireまではあるのに、Actionがない。これはもしかしたら、どこで購入すればよいかわからない、価格がわかりにくいなど、行動に移しにくい要因があるのかもしれません。

このように、**購買を決めるまでの過程を分解することで、今ターゲットはどの段階にいるのか、そしてどんな打ち手を打つべきなのかを考えることができる**のです。

ちなみにＡＩＤＡは、インターネットや検索エンジン、ＳＮＳなどの登場により、変わってきているという主張もあります。以下、２つだけ例を紹介しましょう。

電通は、ＡＩＳＡＳを提唱し、インターネットでの検索と情報共有をプロセスに組み込んでいます。

Attention（注意）→Interest（興味・関心）→Search（検索）→Action（行動）→Share（情報共有）

フェイスブックは、Viral Loop（ヴァイラル・ループ）という考え方を提示しています。Viralとは「ウイルス性・感染型の」という意味で、口コミが爆発的に広まる様を表すために近年よく用いられる表現です。

Recommendation（誰かのおすすめを知る）→Awareness（認知）→Interest（興味・関心）→Decision（決定）→Action（行動・購買）→Recommendation（誰かにすすめる）

AIDA

消費者の購買に至るまでの意思決定過程を分解したフレームワーク

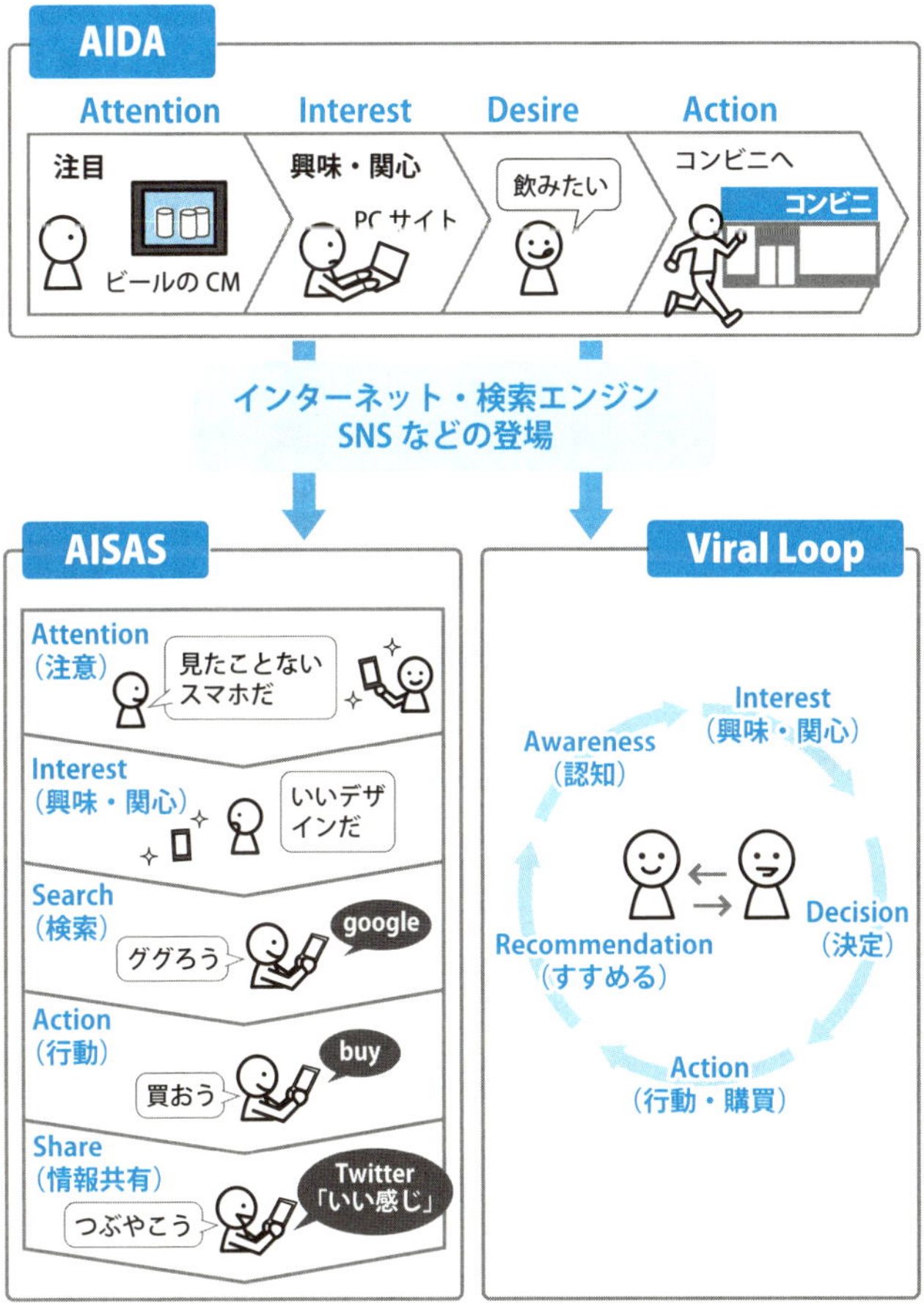

AIDA

事例

AIDAで分析する、ついついファーストフードに寄ってしまうワケ

子供から大人まで大好きなファーストフードのハンバーガー。ついつい、食べてしまいますよね。これをAIDAのプロセスで考えてみると……

① Attention（注意・注目・認識）

ファーストフード店の存在や企画・キャンペーンなどを知る。

「（通勤・通学中に）あの看板は！　駅前に新しくファーストフード店がオープンしたんだ！」（街中の看板やロゴマークで知る）

「(自宅でCMを見て)あのファーストフード店で、今キャンペーンやってるんだ」(頻繁に流れる広告などで知る)

「(隣の席で)ん、この匂いはあのファーストフード店のポテトの匂いだな」(視覚だけでなく、ときには五感すべてで知る)

② Interest(興味・関心)

具体的な特徴や新商品などについて興味を持つ。

「へぇ、あのファーストフード店のホットコーヒーが新しく、美味しくなったんだ」(変化に興味を持つ)

「新しく○○バーガーが販売開始になったんだ」(新しい動きに関心を持つ)

「今なら、割引クーポンでポテトが30%オフか」(サービスやメリットに興味を持つ)

③ Desire(欲望)

具体的な購買行動への欲求をかきたてられる。

「お腹が減ったなぁ、どうせなら新発売のハンバーガーが食べたいな」
「コーヒー安くなってるなら、ちょっと休憩してこうかな」
「最近食べてないから、久しぶりにファーストフード店のハンバーガーが食べたいなぁ」

④ Action（行動・購買）

実際の購買行動を起こす。

どこでも買える（全国各地に店舗が存在、行きやすい）、すぐ買える（オペレーションが早く、数分で買える）、安価に買える（100円程度で買える、気軽に買える）

このようにファーストフード店は、ＡＩＤＡのプロセスの至るところで工夫をこらし、最終的に「購入」というAction につなげる努力をしています。

人気商品には理由があります。ぜひ他の商品もＡＩＤＡで分析してみましょう。

AIDAから見るファーストフード店の戦略

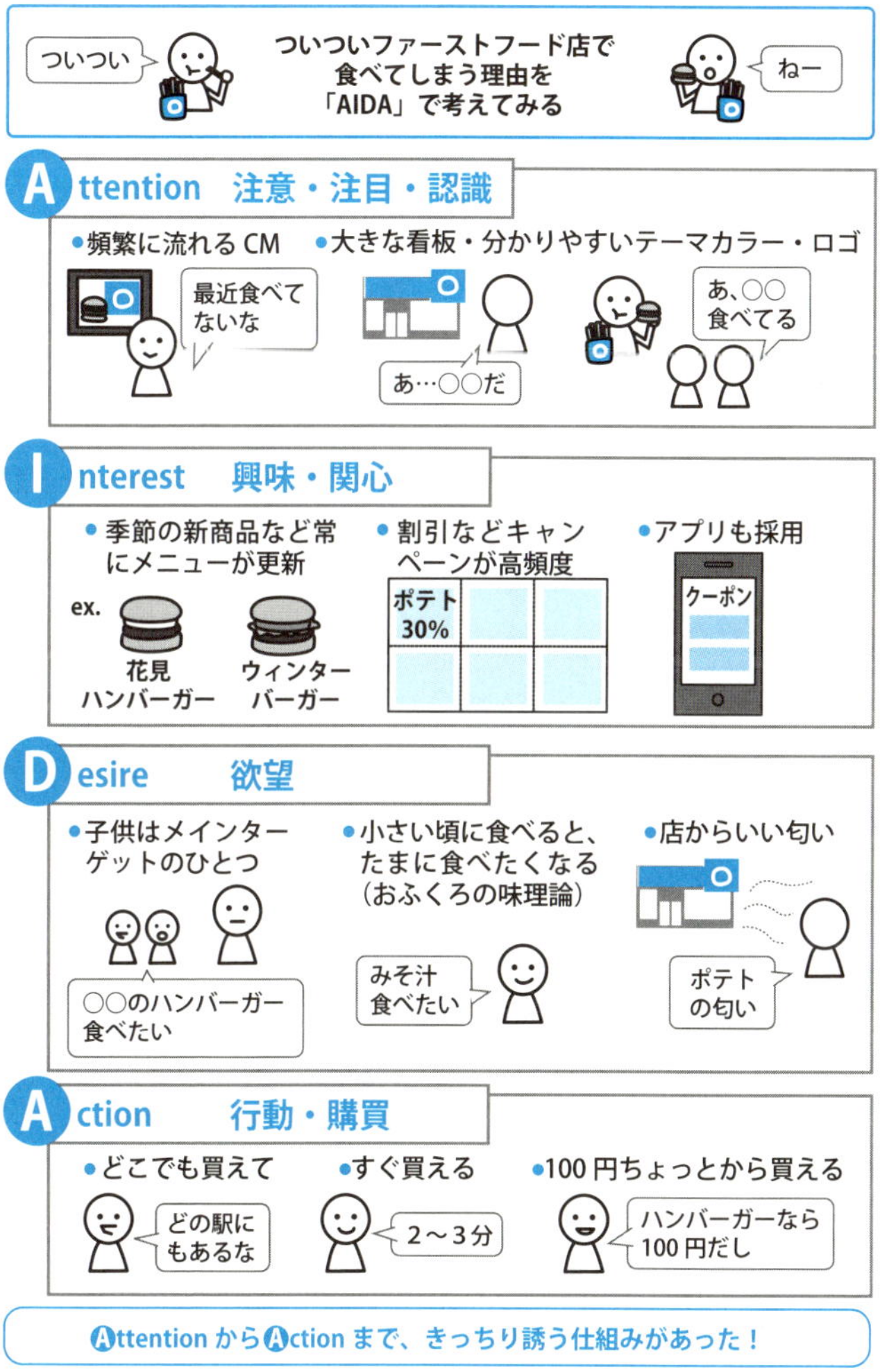
ついつい
ついついファーストフード店で
食べてしまう理由を
「AIDA」で考えてみる
ねー
Attention　注意・注目・認識
•頻繁に流れるCM
最近食べてないな
•大きな看板・分かりやすいテーマカラー・ロゴ
あ…○○だ
あ、○○食べてる
Interest　興味・関心
•季節の新商品など常にメニューが更新
ex.
花見ハンバーガー
ウィンターバーガー
•割引などキャンペーンが高頻度
ポテト30%
•アプリも採用
クーポン
Desire　欲望
•子供はメインターゲットのひとつ
○○のハンバーガー食べたい
•小さい頃に食べると、たまに食べたくなる（おふくろの味理論）
みそ汁食べたい
•店からいい匂い
ポテトの匂い
Action　行動・購買
•どこでも買えて
どの駅にもあるな
•すぐ買える
2～3分
•100円ちょっとから買える
ハンバーガーなら100円だし
AttentionからActionまで、きっちり誘う仕組みがあった！

野村ID野球に見るマーケティングの神髄

マーケティングは、大切な商品やサービスを上手に「表現」し、より多くのお客さまに届ける活動です。4Pで整理したように、**商品のアピールポイント、広告宣伝の媒体、価格設定、販売する場所や方法**など、その「表現」は多岐にわたります。

ここで**大切なのは、お客さまの立場に立って、何が求められ、いつどんな状況で、どんなメッセージが求められているかを考えること。**この活動に役立つのが、**セグメンテーション**です。

多くの企業は、年齢と性別、そして居住地や職種によってグループ分けをし、マーケティングの仕方を考えますが、そこには実は限界があります。

たとえば、30代・男性・サラリーマン・東京都在住というグループ。一見同じ属性を持っているように思えるかもしれません。でも、彼らの休日の過ごし方を見てみると、ひとりは毎月「LEON」を読んで、伊勢丹メンズ館で洋服を買います。もうひとりは週刊アスキーを読んで、秋葉原でパソコン部品を買います。このふたりに、同じものを同じメッセージで「表現」しても、ふたり同時にはなかなか売れないのが現実です。

30代男性全員に、高級車の広告を見せるよりも、仮に年齢が30代でも40代でも50代でも、

「LEON」の読者に伝えた方が効率は良いわけです。

実はこの考え方、プロ野球の世界では、野村克也監督が**「ID野球」**として発明していたのです。現役時代3000試合に出場（日本プロ野球記録）し、監督としても3000試合を超える試合を指揮した野村監督は、それまで、状況ごとに整理されていた野球のノウハウに、打者の思考パターンという新たな切り口を加えたのです。

ID野球の基礎は、打者を4つのグループ（セグメント）に分類することから始まります。

A型＝直球に重点を置きながら、変化球にも対応しようとする打者
B型＝内角か外角か、打つコースを決める打者
C型＝右翼方向か左翼方向か、打つ方向を決める打者
D型＝球種にヤマを張る打者

A型は、「変化球を狙って真っ直ぐが来たら手も足も出ない」「見逃し三振をしたくない」という心理からくる思考です。多くの打者がこの思考をしますが、A型で常に高い結果を残せるのはイチローや松井秀喜のような

天才タイプだけ。

B型は強打者が多く、前の打席で内角球を本塁打にしていると、次は外角を投げてくることを予想し、コースを外角に絞ったりします。

C型は器用な打者が多く、巨人の元木や、ヤクルトの古田や阪神の桧山も場面によってはC型になる。

野村監督が長い間キャッチャーをやってきて、最も怖かったのがD型だそうです。

D型は、張るヤマに根拠がないからだとか。

この4つのタイプはあくまで基本的なもので、この4つの型を相手打者や投手、状況で応用するのがID野球です。

2アウト満塁の時はゴロを打たせ1塁へ送球するという、状況ごとのノウハウに、打者の特性や思考をノウハウ化し、ヤクルトを3度の日本一に導きました。

PART4
組織・チームのフレームワーク

15

7S

組織改革の要素を網羅するフレームワーク

「小手先の延命策だけでは手遅れになる。抜本的な組織改革をすべきだ」

今までのやり方が通用しなくなり、改革が叫ばれる昨今、組織体制も例外ではありません。

しかし、大掛かりな組織体制の変更をしたものの、混乱ばかり生じ、結局大きな成果もないまま、組織図だけが残った、というようなケースも耳にします。

「社長が代わるたびに組織図が変わるけど、結局いっしょ」

「たびたび責任範囲が変わって、整理がつかないし、引き継ぎも大変だ」

改革を実施する上で、単に組織図や組織体系を変えるだけでは、組織が抱える課題を解決できない場合が多くあります。

なぜなら、**組織のパフォーマンスは、組織図だけではなく、多くの要素によって規定されている**からです。

この要素をＭＥＣＥにあぶり出したのが、7Sです。１３９ページの図のとおり、**これらの要素は相互に影響し合い、組織のパフォーマンスにとって等しく重要なのです。**

① 価値観（Shared Value）

「顧客第一主義」「三方よし」など、社員が共通して持つべき理念

② 戦略（Strategy）

製品の差別化・開発スピードの向上・品ぞろえの充実や、全社的な組織効率化・コストカット、あるいはＭ＆Ａ（買収・合併）など、長期目標を達成するための手段および行動指針

③組織能力（Skill）

これら戦略の実行に必要となる、組織としての対応力

④組織構造（Structure）

組織図に現れる、組織としての責任分担

⑤運営のシステム（System）

組織構造をどのように管理し、運営するのかの仕組み。意思決定のルールや人事・業績評価の手法など

⑥人材（Staff）

価値観を体現し、戦略を実行するために必要な人材の要件

⑦社風・企業文化（Style）

会社経営の慣習や風土など、前記６つの要素でとらえることのできない企業文化。「ワンマン経営」「全員経営」など

組織を診断する場合、組織を改革したい場合には、必ず7Sで、これらの要素をもれなく策定しておきましょう。

7S

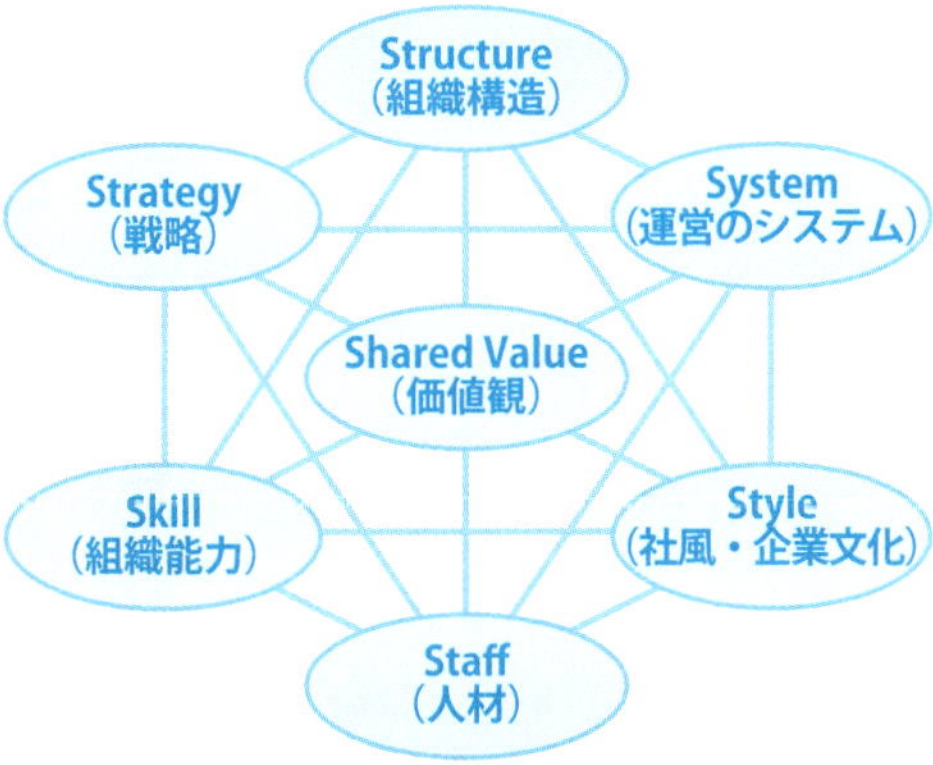

価値観(Shared Value)	「顧客第一主義」「三方よし」など、社員が共通して持つべき理念
戦略(Strategy)	製品の差別化・開発スピードの向上・品ぞろえの充実や、全社的な組織効率化・コストカット、あるいはM&A(買収・合併)の実施など、長期目標を達成するための手段および行動指針
組織能力(Skill)	上記戦略の実行に必要となる、組織としての対応力
組織構造(Structure)	組織図に現れる、組織としての責任分担
運営のシステム(System)	上記組織構造をどのように管理し、運営するのかの仕組み。意思決定のルールや人事・業績評価の手法など
人材(Staff)	価値観を体現し、戦略を実行するために必要となる人材の要件
社風・企業文化(Style)	会社経営の慣習や風土など、上記6つの要素でとらえることのできない企業文化。「ワンマン経営」「全員経営」など

事例

会社の組織改革案を7Sで分析しよう！

部長から、「組織改革プロジェクトのテーマ案を出せ」という指令が下りました。材料は、経営陣へのインタビューからわかった、組織の強みと課題を列挙したメモ（内容は、左ページをご覧ください）。これらを7Sの要素で抽出し、整理してみましょう。

① 価値観（Shared Value）

「技術でひとりでも多くの人の命を救う」という創業当時からの理念が、近年の業務領域拡大と合併で揺らぎつつあるのではないかという認識がある

メモ「経営陣への組織改革についてのインタビュー」

（A 社長）「技術力がカギだから、研究開発への投資は今でも他社に負けない。近年力を入れて実施しているM&Aも、技術の向上がその最大の目的だ」

（B 顧問）「先代のカリスマでここまで拡大してきた。当時は、社長の言うことを信じて走っていればうまくいっていた。現社長が跡を継いでから、急に『経営陣みんなで議論しよう』ということになって、戸惑っている」

（C 副社長）「スタッフの技術力ではウチは他社には負けない。一流の研究者を大学と連携して育ててきたし、技術者もこんなに研修が充実しているところはないはずだ」

（D 専務）「最近、創業の志だった『技術でひとりでも多くの人の命を救う』という理念が有名無実になっていると思う。社内でも疑問に思っている声は聞く。合併も続いているし、不安なんだろう」

（E 常務）「我が社の強みは、柔軟性だと思っています。X社との合併の後も、あちらの文化をしっかり取り入れた上で新たな会社をつくろうとしている。古い慣習に囚われず、組織として常に動き続けてきたからこそできることです」

（F 執行役）「合併後のプロジェクトの成果として、新たな組織構造をつくった。納得感も高いと評判だ。ただ、正直言うと、まだ合併後の混乱が続いている。具体的な人事評価について不安に思っている社員が多い」

②**戦略（Strategy）**

「技術力がカギ」という明確な戦略の柱があり、そのために研究開発投資とM＆Aを実施

③**組織能力（Skill）**

組織としての柔軟性がある。新たな技術の取り入れやM＆Aにも積極的に臨むことができる

④**組織構造（Structure）**

合併という大きな変化にも対応した、納得感の高い組織図を整備している

⑤**運営のシステム（System）**

人事評価など、組織運営の仕組みや手法に関して、合併や新事業への参入を機に、社員の間で不安が生じている

⑥**人材（Staff）**

高い技術力の要である人材育成に向けて、充実した投資を実施。外部からの評価も高い

⑦**スタイル（Style）**

先代社長の「ワンマン」経営から、「経営陣みんなで議論する」スタイルへの変更で、戸惑いが生まれている

この結果から、①⑤⑦で問題が生じていることがわかります。組織改革のテーマ案として、次の３つが考えられます。

1．新規事業への参入や合併であいまいになっている、会社としての理念・価値観を再確認し、社員への浸透をはかるべきなのではないか
2．新規事業への参入や合併によって生まれている人事評価への不安を払拭するための、明確な評価の仕組みづくりと定着が重要なのではないか
3．意思決定手法とスタイルについて、経営陣での議論と明確化が必要なのではないか

組織改革と言われると抽象的なようですが、７Ｓで分析することによって、具体的な改善策が見えてきます。

LESSON

16

ウィル・スキルマトリクス

やる気と能力で人材を見極めるフレームワーク

「頭も良く、覚えも早いと期待していた部下Aが、余裕を持って頼んでも、期限までに成果を出さないので困っている。能力は抜群だし、将来のエースだと見込み、土日返上で研修もやっているが、最近は遅刻までするようになった。もう諦めるしかないか……」

「Bは朝も一番に来て、遅くまで仕事に打ち込んでいる。真面目に精一杯やってるのに、実績に結びつかない。たまに飲みに行って愚痴を聞いてやったり可愛がってるのに、いつまで経っても成果が出ないんじゃ、見捨てるしかないかな」

この上司たちは、大きな間違いを犯している可能性があります！　適切な対応さえわかっていれば、どちらも才能が開花する可能性を秘めているにもかかわらず……。

ウィル・スキルマトリクスは、部下やチームメンバーの状況を把握し、彼らのパフォーマンス向上に向けていかなる手を打つべきかを考えるためのフレームワークです。

個人の状況を把握した上で、とるべき対応を適切に変えていけば、全員の力を高めることができます。ウィル・スキル

ウィル・スキルマトリクスによるマッピング

ウィル（やる気）とスキル（能力）それぞれのある・ないによって、４つの象限・グループに分けることができます。

スキル（能力）＼ウィル（やる気）	ある	ない
ある	やる気もあり、十分な能力をも備えた人材	能力はあるが、やる気がないために成果が出ていない人材
ない	やる気はあり、常に一生懸命だが、力不足のためうまくいかない人材	やる気もなければ、能力もない、対処に困る人材

マトリクスは、その方向性を指し示してくれます。

〈ウィル・スキルマトリクスによる打ち手の方向性〉

対象となる人材が、145ページのウィル・スキルマトリクスにおいて、どの象限・グループに当てはまるかによって、効果的な打ち手は変わります。

やる気もあり、能力も備えた人材には、特段の打ち手は不要ですし、強引な指示は逆効果です。信頼し、思い切って任せることが必要です。

一方で、**やる気もなければ、能力もな**

ウィル・スキルマトリクスによる打ち手の方向性

スキル（能力）＼ウィル（やる気）	ある	ない
ある	Delegate 信頼して任せる	Motivate やる気にさせる
ない	Coach/Train やり方を教える	Order 言った通りやらせる

い人材には、明確な指示を出し、指示の通りに動いてもらうことが重要です。その過程でスキルを学び、成功体験を味わうことでウィルも改善される可能性があります。

また、**ウィルもしくはスキルがない人材に対しては、それらを補う手を打ちます。**スキルがなければ、研修等で身につけてもらう必要があります。

一方で、ウィルがなければ、どれだけやり方を説いても意味がありません。やる気にさせるために、その源泉をとらえて刺激するべきでしょう。

ウィル・
スキルマトリクス

事例

ウィル・スキルマトリクスで見る正しい部下の伸ばし方

144ページに挙げたふたりの事例から、ウィル・スキルマトリクスの活用方法を見てみましょう。

部下A

「能力は抜群」で、将来のエースとの期待から、土日も研修を実施。それなのに、期限までに提出物が出てこない。最近は遅刻まで……。

マトリクスで考えると、Aは、「スキルはあるのに、ウィルがない」状態です。

成果を出すためには、「ウィルもあり、スキルもある」ゾーンに位置する必要があります。

それなのに、上司が取っている対策は、「土日返上での研修」。これでは、逆効果です。

人それぞれ、ウィルの源泉があるはずです。なぜAにやる気がないのかを考え、そのための対策を取ることをしなければ、どれだけスキルを向上させる研修を実施しても無意味です。

部下B

「真面目に精一杯やっているのに、実績

部下Aへの対策

スキルはあるが、ウィルはない

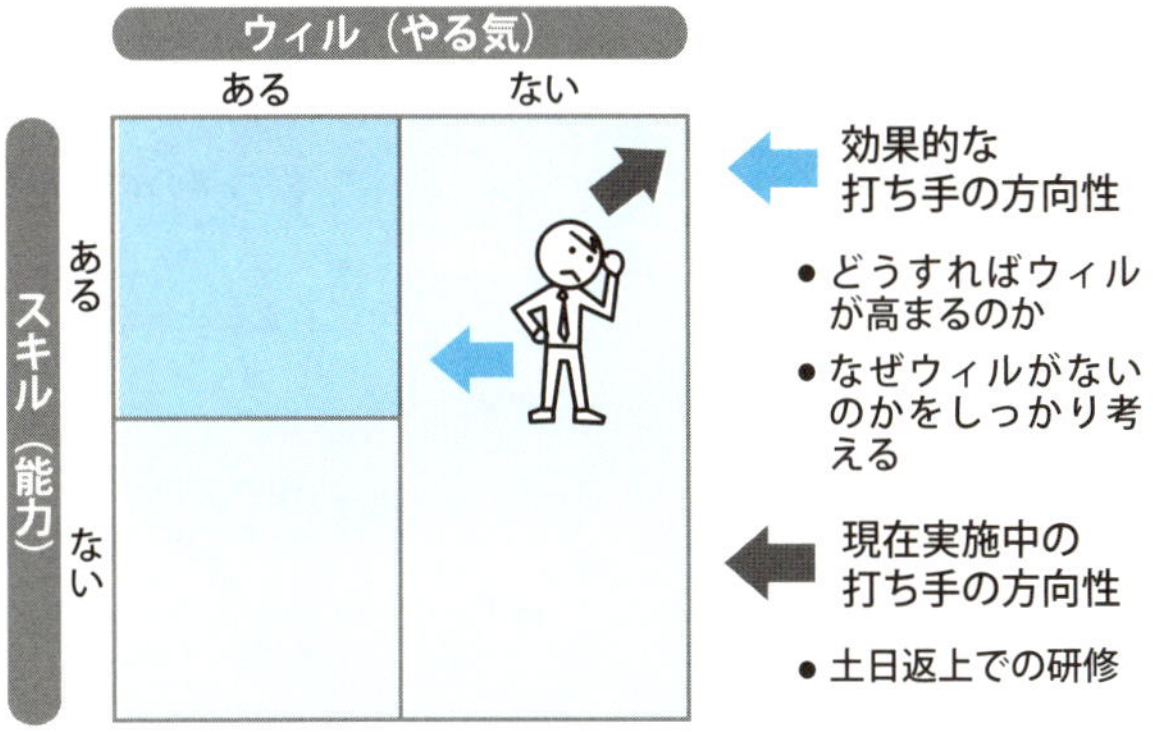

に結びつかない」のが不憫で、たまに飲みに行って愚痴を聞いてやっているが……。

こちらの事例はどうでしょうか。一見、部下思いの上司に見えますが、ウィル・スキルマトリクスにマッピングしてみると、間違いを犯していることがわかります。

部下Bは、「ウィルはあるのに、スキルがない」という状態と言えます。が、上司がとっている行動は「飲みに行く」「愚痴を聞いてやる」など、どれもやる気を出すための打ち手ばかり。このまま

部下Bへの対策

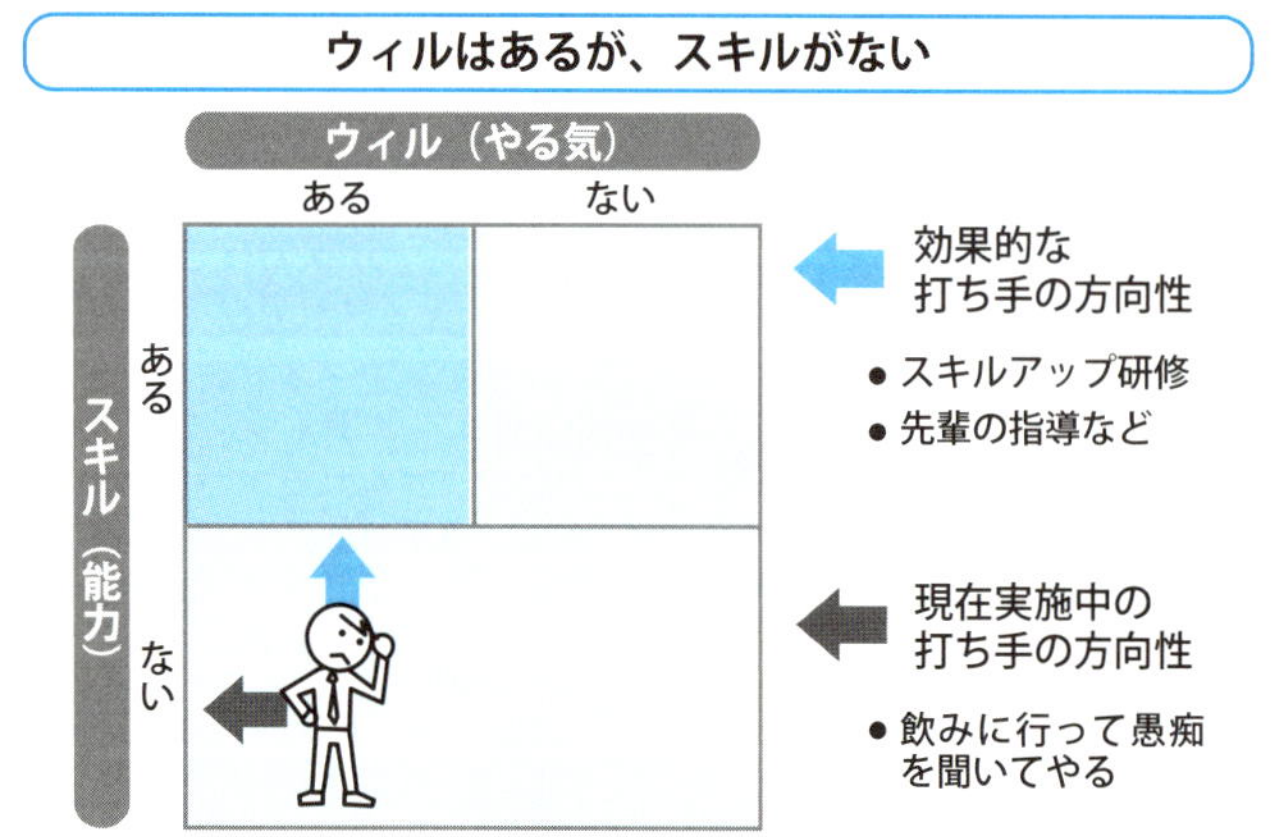

ではいつまで経っても左上のゾーンには移動できそうにありません。

こういった場合、効果的な打ち手は、研修や、先輩などからの具体的な指導などスキルアップするための対策です。

このように、**ウィル・スキルマトリクスを用いて考えることは、人材を効果的に育成し、成果につなげるための一助になりえます。**

一方で、こういった状況の把握をすることなく、「今まではこれでうまくいった」というような打ち手だけに頼っていると、貴重な人材を活かすチャンスを逃してしまう可能性もあるのです。

LESSON

17

RACI

プロジェクトを成功に導く役割分担のフレームワーク

商品の開発や販売促進、イベントなど、何らかのプロジェクトに関わったことがあれば、きっとこんな経験があるのではないかと思います。

・誰が責任者か曖昧なため進まない
・先輩や上司からアドバイスをもらったけれど活かせない
・てっきり知っていると思っていたリーダーや上司に情報が伝わっていなかった

これらは、**「誰に何を任せるのか、どこまで情報を伝達するのか」という広い意味での役割分担が決まっていれば、防げることが少なくありません。そんな時に活**

用できるフレームワークが、ＲＡＣＩです。

ＲＡＣＩは、Responsible（実行責任）／Accountable（説明責任）／Consulted（相談対象）／Informed（情報提供対象）の頭文字を取っています。

意外に忘れがちな役割分担を最初に決めておくことが、プロジェクト成功のカギとなります。

① Responsible（実行責任）

プロジェクトの進行に責任を持ち、実行のリーダーとしてプロジェクトを引っ張って行くべき人です。これが明確に決まっていないと、プロジェクトの遅れや責任のなすり付け合いの元凶となります。

② Accountable（説明責任）

外部に対して、あるいは内部に対しても、何のためのプロジェクトで、現在どのような状況で、今後どのように進めて行くのかを説明する責任を持つ人です。実行責任と兼任する場合も多いですが、こちらも切り分けて明確にしておくことで、い

ざという時の対応に備えることができます。

③ **Consulted（相談対象）**

プロジェクトを進める上で、相談しておくべき対象です。これを決めておかないと、有益な情報や知恵を持っている人からのアドバイスを逃してしまったり、重要な関係者とのコミュニケーションを怠ってしまうことにつながります。

④ **Informed（情報提供対象）**

情報を提供しておくべき対象です。Consultedのように双方向のコミュニケーションをする必要はなく、一方的な情報のシェアをすべき対象です。「そんなの聞いてないぞ」という事態を防ぐことができます。

RACIをしっかり決めて、プロジェクトを成功に導きましょう！

RACI

プロジェクトを円滑に進めるための役割分担を決めるためのフレームワーク

プロジェクトでのさまざまな問題……

「ちっとも進まない……」

「どこまで巻き込むべきなんだ……」

「なんであの人に情報が伝わってないんだ……」

事前にRACIを決めておくことで…

Responsible　実行責任

プロジェクトの進行に責任を持つ人を明確化

「私が責任を持って進めます」

Accountable　説明責任

状況の把握と説明責任の所在明確化

「私が把握しているので、ご説明します」

Consulted　相談対象

双方向の相談をしておくべき相手を明確化

「私たちの意見も入っていて納得だ」

Informed　情報提供対象

一方向の情報のシェアの対象を明確化

「報告を受けているので安心だ」

RACI

事例

RACIでサクサク! サークル新歓プロジェクト

仕事のプロジェクトや学生時代のサークル。集団で何か活動をするとき、組織内の報告や連絡がうまくいかず、ストップしてしまう。団結が乱れる。誰しも一度はそんな経験があるのではないでしょうか。

そんなときに**役割分担をはっきりさせるためのフレームワークがRACI**です。

あなたは、所属するテニスサークルの新入生勧誘プロジェクトの責任者を任されたとします。

・プロジェクトメンバーA
「え？　歓迎会の場所の予約って私の仕事でしたっけ？　まだ何も動いてませんよ」

・サークルOB
「せっかく手伝ってやろうと思っているのに、なんで連絡してこないんだ！」

・プロジェクトメンバーB
「活動予算について聞かれてもちょっと……たぶん、部長に聞けばだいたいなんでもわかるんじゃないかな？」

・大学
「今さら会議室を借りたいなんて、もっと早く言ってくれないと困りますね」

そんなとき、RACIをしっかりと決めておけば……

・プロジェクトメンバーA
「歓迎会の場所の予約の件は私が担当です。人数と予算を確認して、ばっちりの場

所を予約しておきますね」（Responsible：誰が実行に責任を持つのか明確）

・**サークル代表**

「大学への申請の件だよね、把握してるよ。総務の山口さんに連絡してあるから大丈夫。僕からも大学窓口の人に言っておいたし」（Accountable：誰が説明責任を持つのか明確）

・**サークルOB**

「3年前の経験からすると、正門の前で活動するのが一番目立つし、勧誘しやすいよ」（Consulted：誰に何を相談すればよいのか明確）

・**大学**

「会議室を借りたいときは、1週間前までに連絡をもらえれば、私の方で申請しておきますよ」（Informed：誰に連絡を入れておくべきか明確）

何かタスクを始める時には、このRACIをあらかじめしっかりと決めておくことが大事です。

RACIをしっかり決めれば、サクサク進む!

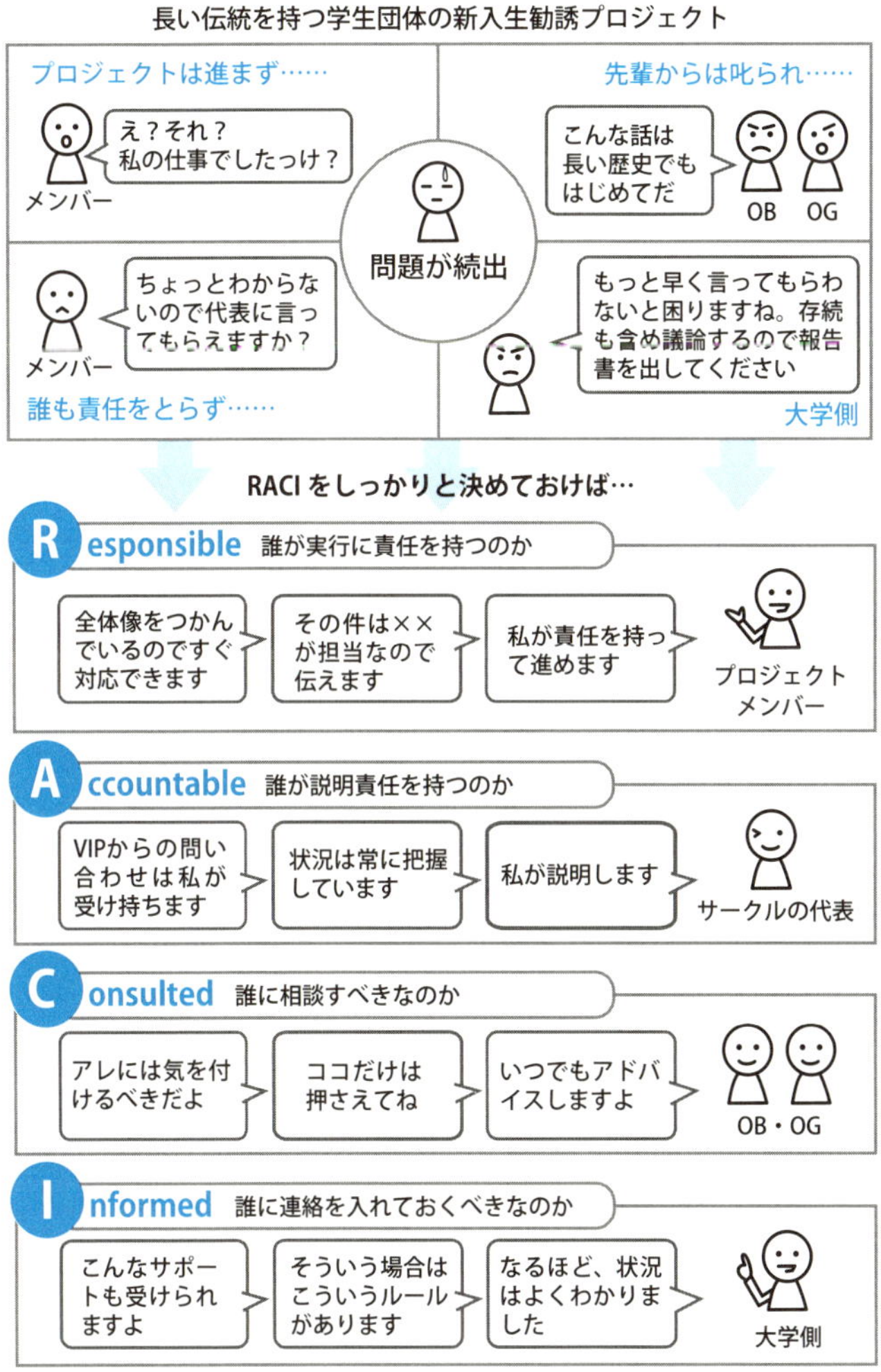

LESSON

18

8つの無駄

日本が誇る製造業から生まれた効率化のフレームワーク

世の中には、さまざまな無駄が溢れています。日々の仕事や生活の中で「無駄だなあ」と思った経験は、誰にでもあるのではないでしょうか。

効率がすべての勝敗を分ける製造現場において、ありとあらゆる無駄を見つめ続け、それを排除し続けてきた専門家が生み出したフレームワークがあります。それが、8つの無駄です。

これは、トヨタなど、日本が誇る製造業における改善の積み重ねから生まれた概念です。8つの無駄をいかに減らし、全体として効率化をはかるかがテーマです。

① 過剰生産

顧客（あるいは次に待っているプロセス）が求めるタイミング以上に早く作ってしまう、あるいは必要量以上に作りすぎてしまう状態。求められているタイミングやボリュームを超えると、それ自体が無駄となります。

② 在庫

あらゆる工程・プロセスにおいて、付加価値を生まずにただ管理されている製品や材料（あるいは情報）。過剰在庫や低い回転率は大きな無駄を生みます。

③ 待機

待機のためだけに浪費されている時間。

④ 不要な運搬

工程・プロセス間の不要な商品等の搬送。複雑すぎる情報伝達もこれにあたります。

⑤ 不要な動作

工程において価値を生んでいない動作。必要以上に複雑な作業は、不要な動作を含んでいる可能性が高いと言えます。

⑥過剰サービス

利用客（あるいは次のプロセス）の要求を超えてしまい、何も価値を提供していない活動やサービス。

⑦やり直し

ミスや製品の不良による、作業の反復・やり直し。

⑧知性

個々の能力に応じた、従業員の有効活用ができていない状態。過剰なスペック、人材の登用機会の損失もこれにあたります。

リーンオペレーションのプロは、工場の生産ラインや倉庫を見ると、たった数分で、次から次へとこれらの無駄をあぶり出します。

8つの無駄は、さまざまな場面における効率化・無駄の排除にとっての強力な武器となるのです。

8つの無駄

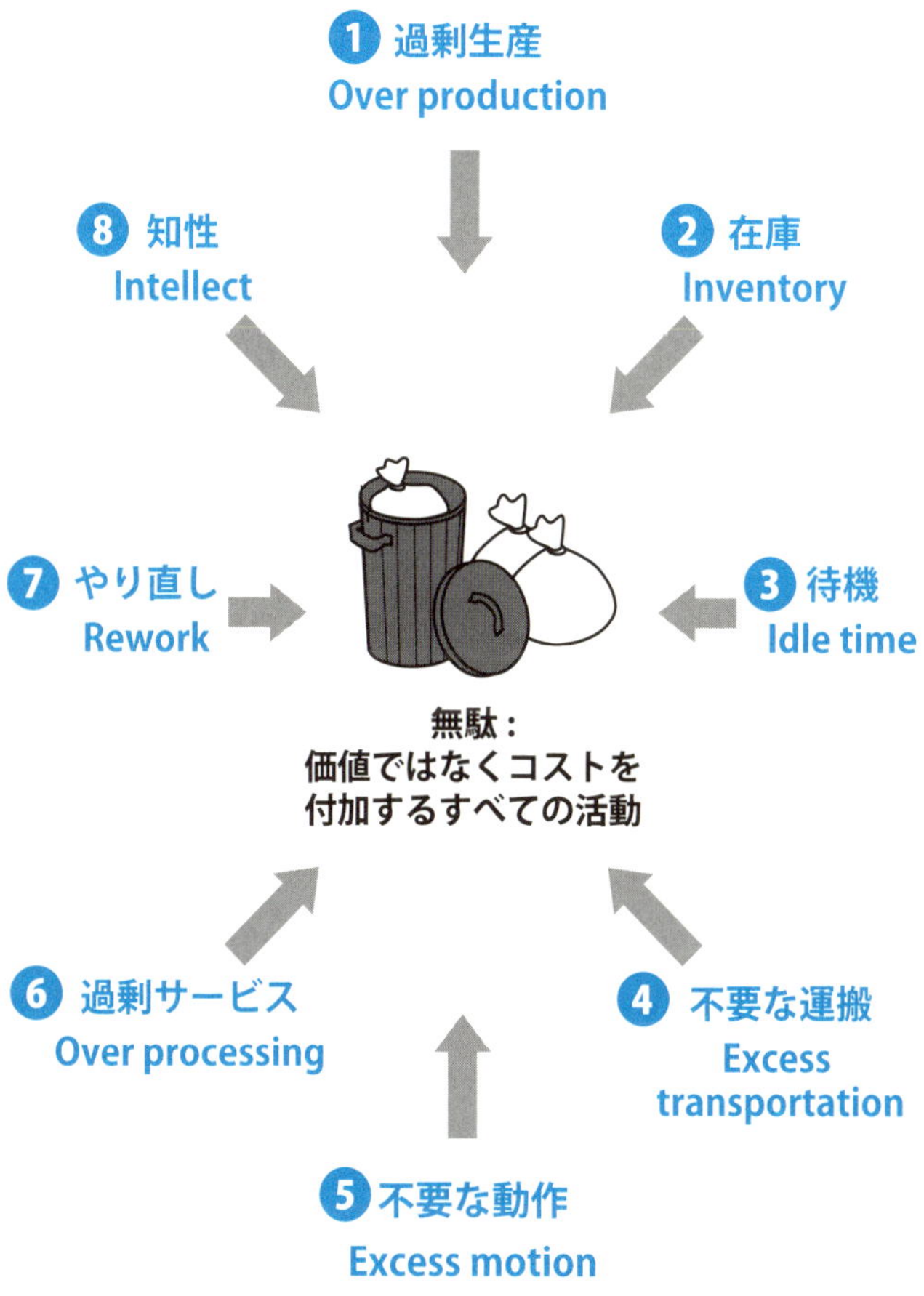
❶ 過剰生産
Over production
❷ 在庫
Inventory
❸ 待機
Idle time
❹ 不要な運搬
Excess transportation
❺ 不要な動作
Excess motion
❻ 過剰サービス
Over processing
❼ やり直し
Rework
❽ 知性
Intellect
無駄：
価値ではなくコストを
付加するすべての活動

8つの無駄

事例

会社と自宅で8つの無駄を洗い出す

トヨタに代表される日本が誇る製造業の製造ラインでの改善努力や知恵から生まれた「8つの無駄」の考え方。

あなたの身の回りの生活に「8つの無駄」が隠されていないか、探ってみましょう。

まずは、会社で……

・待機

上司や他部署の確認が取れるまで次の作業に進めず、手持ち無沙汰。早く仕事を終わらせて、飲みに行きたいなぁ……

・**不要な動作**
机の上に書類が山積み。毎回毎回、邪魔にならないように横にどけなければ、自席で仕事ができない……

・**過剰サービス**
毎朝の仕事に役立ちそうなニュースをまとめたメールをチームのみんなに送っているけど、誰も読んでなかった……

・**能力を最大限使わない**
派遣社員さんや契約社員さんは定例ミーティングに不参加。毎日の業務の中でいろいろな問題意識や改善アイデアを持ってるはずだけど……

帰宅後の生活の中にも、「8つの無駄」は隠されています。

・**過剰生産**
張り切って自炊して作りすぎてしまった。もうお腹いっぱいで食べきれない……

・**在庫**
スーパーの安売りのたびに買い込んだ食料品。結局使い切れず、腐らせる……

・不要な運搬

駐車場に車を停めるためには、プランターや自転車を一度、脇に移動しないと。そして停めた後には、また元に戻す……

・やり直し

スーパーに行ったけれど「買い物メモ」を忘れてきてしまった。家に戻って、出直しだ……

いかがでしょうか？　「8つの無駄」の考え方をチェックシートのように利用して、あなたの日々の生活の中の無駄を見つけてみませんか？

これに慣れれば、様々な場面で「8つの無駄」のフレームワークを使いこなせるようになります。

ポイントは、無駄を発見した後、その無駄を引き起こしている原因を見つけ出すことです。無駄の裏に、別の無駄が隠れていて、無駄が無駄を生む、という悪循環もあるはず。無駄を見つけて、原因から改善して、もっと効率よく、快適な生活に変えてみましょう！

8つの無駄を探ろう

8つの無駄は、製造ラインの効率化の努力の中で生み出された概念。しかし、日々の仕事や日常の生活にも8つの無駄は隠されています

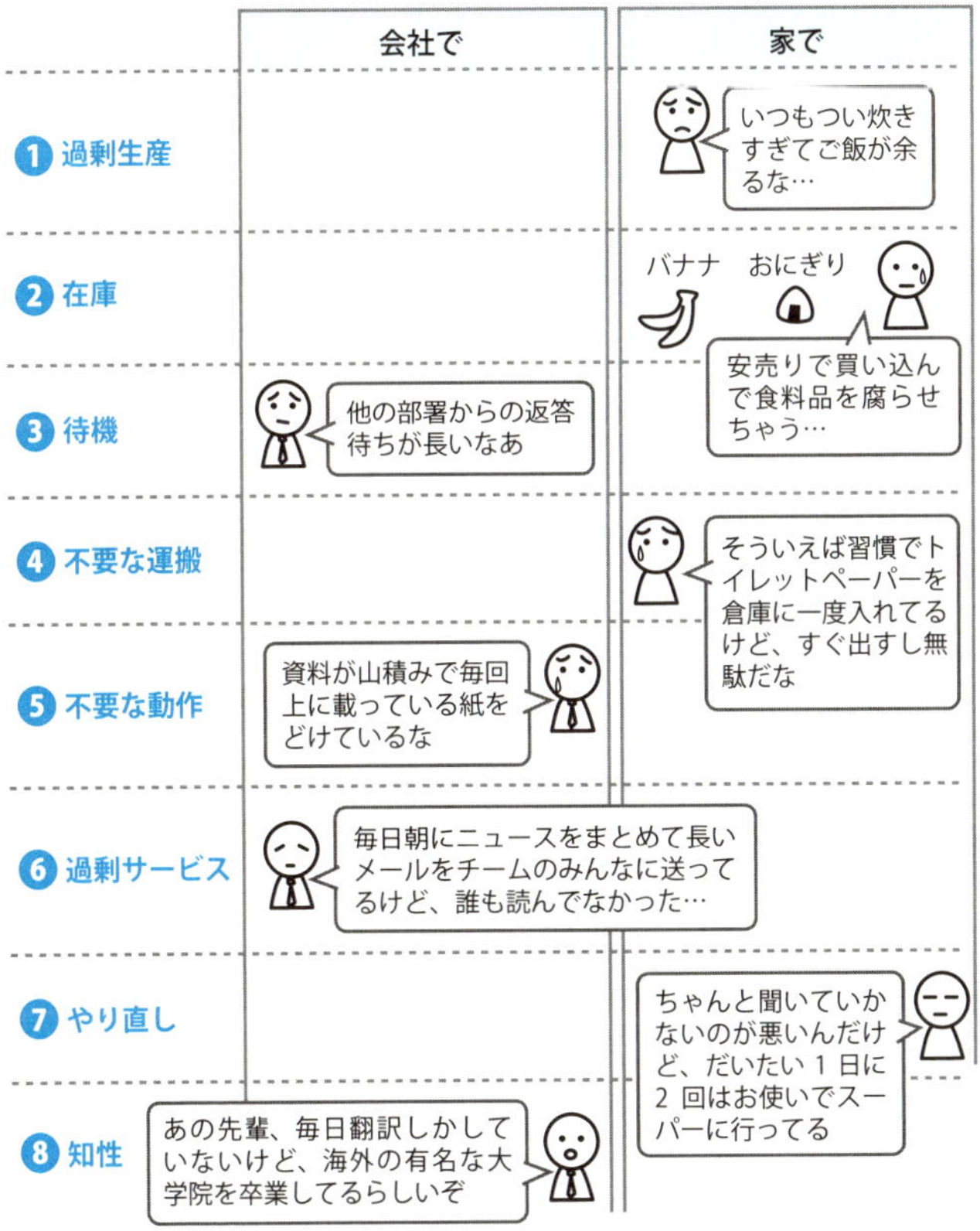

	会社で	家で
❶ 過剰生産		いつもつい炊きすぎてご飯が余るな…
❷ 在庫		バナナ　おにぎり／安売りで買い込んで食料品を腐らせちゃう…
❸ 待機	他の部署からの返答待ちが長いなあ	
❹ 不要な運搬		そういえば習慣でトイレットペーパーを倉庫に一度入れてるけど、すぐ出すし無駄だな
❺ 不要な動作	資料が山積みで毎回上に載っている紙をどけているな	
❻ 過剰サービス	毎日朝にニュースをまとめて長いメールをチームのみんなに送ってるけど、誰も読んでなかった…	
❼ やり直し		ちゃんと聞いていかないのが悪いんだけど、だいたい1日に2回はお使いでスーパーに行ってる
❽ 知性	あの先輩、毎日翻訳しかしていないけど、海外の有名な大学院を卒業してるらしいぞ	

LESSON

19

インフルエンス・モデル

変革を実現させるためのフレームワーク

営業改革、新規事業創出、コストカットプロジェクト…　巷には「変革」が溢れています。個人としても、さまざまな「変革」を望みますね。やせたい、もっと筋肉をつけたい、朝型生活に変えたい、資格をとりたい……。

でも、「変わる」ことには大きなエネルギーが必要です。

企業のプロジェクトが掛け声だけで自然消滅したり、ダイエットのためのランニングが三日坊主に終わったり……誰しもこんな経験をしたことがあるのではないでしょうか。

そんな時、何が足りないのか、何をすれば変革が実現するのかを分析するためのフレームワークが「インフルエンス・モデル」です。次の4つの要素から構成されています。

①納得のいくストーリーによる理解とコミットメント

変革者の理解とコミットメントを引き出す適切なストーリーがあることが、すべての大前提となります。

- 変革によるチャンスを示す。「このプロジェクトが成功すれば、大きな利益を得られる」
- 変革をしないと訪れる危機を示す。「このままじゃ会社が潰れかねないからやるしかない」
- 個人としての興味を喚起する。「個人的にすごく興味を持ってた分野。関われるのは嬉しい」

②サポートの仕組みの構築

その変革によって、副次的に不利益が生まれない仕組みや、変革を起こすことが評価されるようなシステムが整っていれば、より多くの人がそれを実践してくれるでしょう。

③ 必要なスキルの有無

変革しようとする人に十分なスキルがあるのか、見極めましょう。現段階でスキルが不足しているのであれば、それを身につけるための施策が必要です。

④ ロールモデルによる実例の提示

自分だけが変革を実践するのは怖い。すでにその変革を実践し、実績のある存在が、変革を後押しするのです。

ロールモデルは、有名人もあるでしょうし、直属の上司や先輩、同期かもしれません。

大きな変革を実現しようとする際に、この４つがそろっていることは稀です。でも、インフルエンス・モデルを意識して施策を打つことによって、その実現に着実に近づくための羅針盤を得ることができるのです。

インフルエンス・モデル

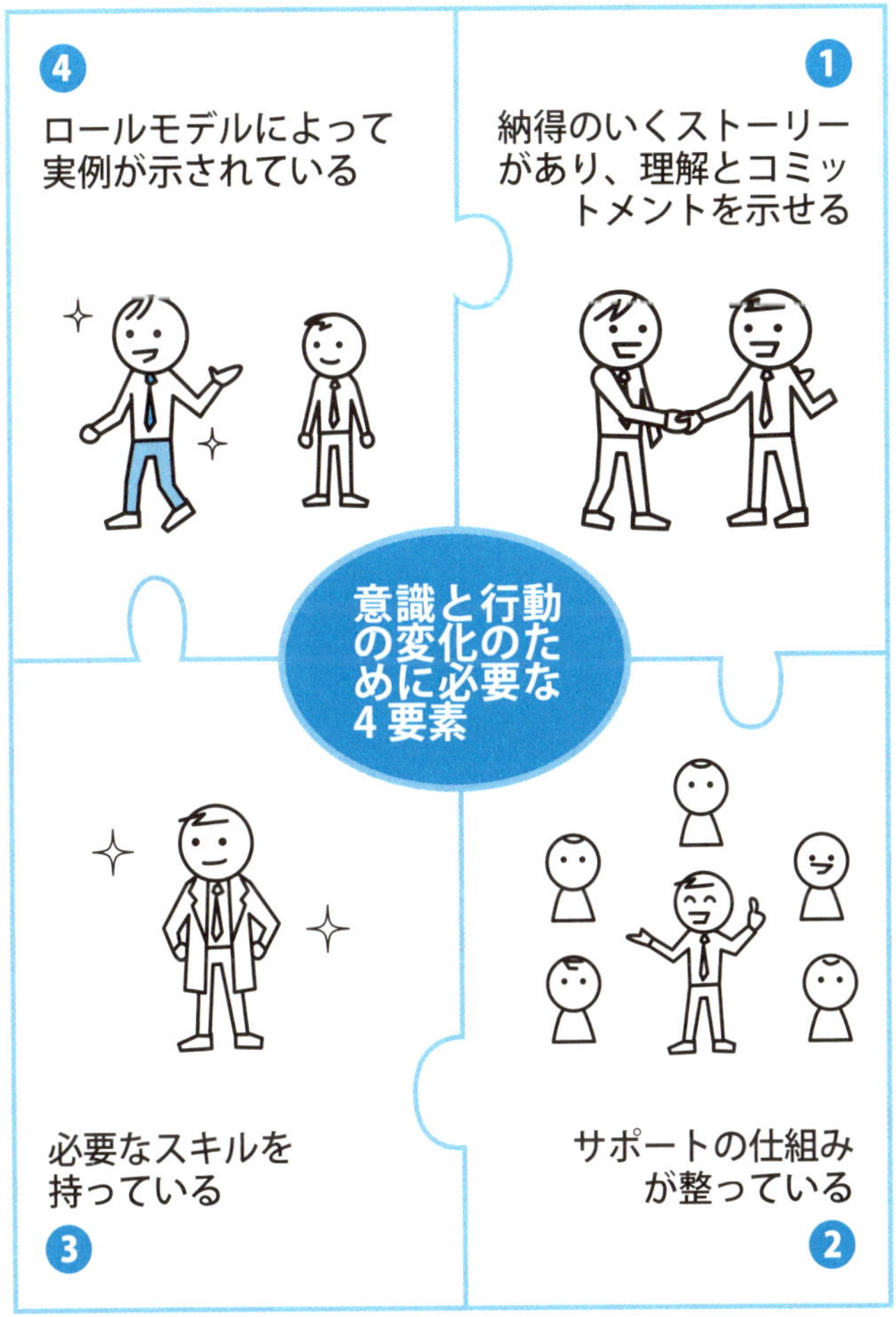
4
ロールモデルによって
実例が示されている
1
納得のいくストーリー
があり、理解とコミッ
トメントを示せる
意識と行動
の変化のた
めに必要な
4要素
必要なスキルを
持っている
3
サポートの仕組み
が整っている
2

インフルエンス・モデル

事例

インフルエンス・モデルを使って社内イベントを盛り上げよう！

あなたは人事部で働いており、社内の交流イベントの人集めに毎回苦心しています。

「面倒だなぁ」「仕事じゃないし参加しなくてもいいや」

こんな社員たちの考えや行動を変えるにはどうしたらいいでしょう。

人に影響を与え、意識と行動を変化させるフレームワーク「インフルエンス・モデル」を、ぜひ使ってみましょう。

①納得のいくストーリーによる理解とコミットメント

まずはこの社内交流イベントが重要かつ参加する意義のあるものだと納得してもらいましょう。「部署間の連携」、「社内人脈の構築」、「男女の出会いづくり」など、社員にとって参加しやすいテーマを設定します。

②サポートの仕組みの構築

バックアップしてくれるサポート体制の構築も重要です。この場合、各部門の部長から部会の場で、「社内交流のために参加するように」と告知してもらう方法が考えられます。

上司からの案内により、「会社の公式行事なんだ」「参加した方が部長のおぼえもいい」といったメッセージが伝われば、参加に向けた強烈な動機づけとなります。

③必要なスキルの有無

このようなイベントで若手社員の頭を悩ますのは、目上の人とのコミュニケーション方法です。これは、「目上の人と懇談する」というスキルの欠如。

そこでイベントにひと工夫を加え、会場に同期の集まるスペースを設けてみるとどうでしょう。上司とうまく会話できなくても、いざとなれば同期スペースに戻ればいいので、もっと気楽にイベントに参加できるようになりそうです。

④ロールモデルによる実例の提示

事前に根回しをして、各部署で若手のホープとして期待されているスタッフに、「俺は今度のイベントに参加するよ！」とアピールしてもらうとどうでしょう。「憧れの先輩が参加するなら、行ってみようかな」と考える人も出てきそうです。

重要なのは、それぞれ単発で施策を打つのではなく、４つの要素から導かれる施策を総合的に実行して人に訴えかけるということです。

すべてのピースをそろえて、大きな変化を起こしましょう！

インフルエンス・モデルを使って集客を考える

毎回人集めに苦労している社内イベントに、
どう参加者を増やせばいいだろうか……

**どのように人にインフルエンス（影響を与える）し、
意識と行動を変化させるかを考えるフレームワーク**
＝
インフルエンス・モデル

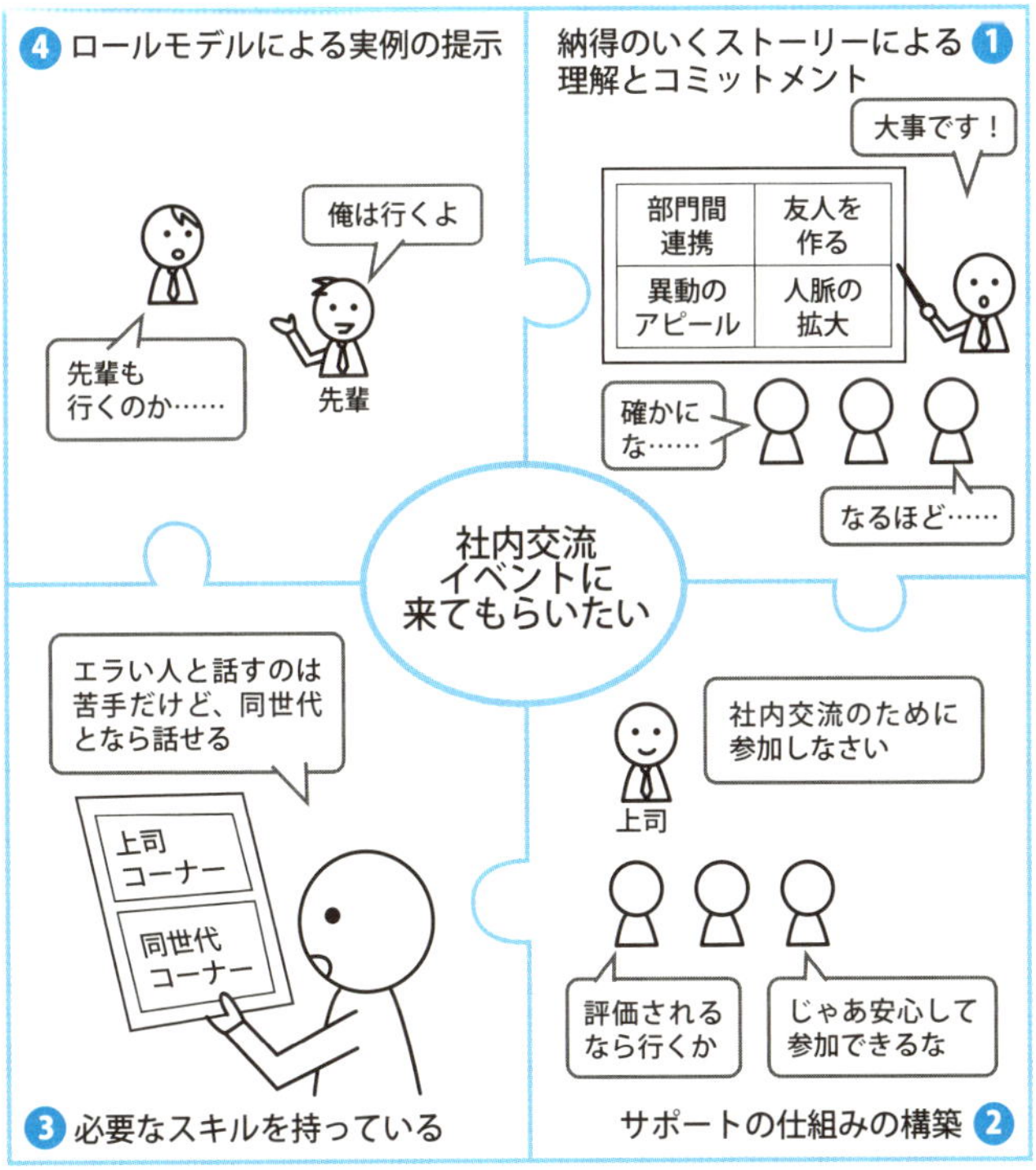

すべてのピースがそろわないと大きな変化は起こらない！

LESSON

20

PDCA

プロジェクトを確実に実行するプロセス

どれだけ美しい戦略を描き、詳細な計画を準備し、実行を徹底したとしても、すべてが成功することはありえません。うまくいかない部分や、失敗するケースが出てきます。

でも、**そこから学び、次につなげることは可能です。また、成功したとしても、実行を通して、より良くするためのヒントが見つかることがあるでしょう。**

それらを実施するためのプロセスを定式化したのが、ＰＤＣＡというフレームワークです。

ＰＤＣＡは、Plan（計画）→Do（実行）→Check（検証・評価）→Action（改

善）の頭文字。

会社や部署など大きな単位でも、プロジェクトや個人の作業でも、このプロセスを回し続けることでより良い結果を残すことができると言われています。

ＰＤＣＡは、すべてのプロセスを確実に実施することが鍵となります。どこかが欠けていたり、不十分だと、全体としての効果が半減してしまいます。以下、各プロセスが何を意味するのか、見て行きましょう。

① Plan（計画）

ＰＤＣＡサイクルの土台となるのが、Planです。「とりあえずやってみよう」では、Doの成功確率が低くなるばかりではなく、重要なポイントが明確でないため、効果的なCheckができません。Checkのための入念な準備も、Planの重要な要素です。

② Do（実行）

計画を実行に移さなくては、何も起こりません。当たり前のようですが、世の中

には実行されない（つまり、意味のある検証も改善もされない）計画が溢れています。

③ Check（検証・評価）

計画とその実行を振り返り、改善すべき点と明確なネクストステップを決めましょう。ここで重要なのは、すぐに実施可能な改善策であることです。

④ Action（改善）

Checkで決めた改善策を、確実に実施しましょう。

さまざまな改革プロジェクトを見てきましたが、どれだけ愚直にここまでのステップをやりきるかで、大きく成果が変わってきます。

そして再度、Plan（計画）を実施します。**このサイクルをどれだけ早く、どれだけの回数回せるかで、ある期間における成果が決まると言っても過言ではないでしょう。**

PDCA

会社・部署でも、プロジェクトや個人の作業でも、ある期間にどれだけ早く、どれだけの回数、PDCA サイクルを回せるかが、成果を左右する

Plan（計画）

実行プランだけではなく、どのポイントをどのように検証するかもあらかじめ決めておくと効果的。

Do（実行）

走りながらも、「検証」の視点を持っておくことで、改善点を洗い出せる。

Check（検証・評価）

実施可能な改善策と、次に何をすべきなのかを明確にする。

Action（改善）

決めた改善策は必ず実行に落とし込む。愚直に実践。

各プロセスを、確実に実施することが重要。1つでも欠けたり、不十分だと、全体の成果が半減してしまう

PDCA

事例

PDCAで、恋愛だってうまくいく！

まずは**PDCA思考ができない人の恋愛**を見てみましょう。

① Planがない

気になる相手をデートに誘ったものの、何をして過ごして夜はどんなお店に行くのか、全く考えていない。まさにノープランですね。これでは当日も相手とスマートに楽しい時間を過ごすことができません。

② Doがない

熟慮に熟慮を重ねた挙句、「最近できたオシャレな居酒屋に誘う」というプランが立ったとしましょう。が、相手を誘う勇気が出ません。時間だけが過ぎていく。なんと、もったいない！　行動あってのプランです。これでは、何も始まりません。

③ Check がない

なんとか勇気を出してデートに誘いだし、予定していた居酒屋で楽しい時間を過ごしました。「ああ楽しかった」。でも、なぜか次回以降のデートの約束ができません。

彼女はどう感じていたのでしょう？　お店の雰囲気や、相手と話した内容など、当日をゆっくり振り返るとともに、相手に感想を聞いてみるプロセスも必要です。

④ Action がない

感想を聞いた結果、彼女は帰宅時間が気になって十分デートを楽しめなかったことがわかりました。寮に住んでおり、門限があるようです。

ここで「次はレイトショーを観に行こうよ！」と誘うと「門限に間に合わない」

「自分の事情を考えてくれていない」と、彼女に思われてしまいます。せっかくのCheckがActionに結びついていませんね。

では、ＰＤＣＡがしっかり機能している例を見てみましょう。

まず、彼女は演劇とイタリアンが好き、という情報をもとに、「最近話題の舞台を見て、夜は評判のいいイタリアンに行く」(Plan)。

早速チケットを入手。「舞台のチケットがあるんだけど、一緒に観に行かない?」(Do)。

デートの翌週には共通の友人に、探りを入れます。「とても楽しかったけど、もう少し早く帰宅したいみたい」(Check)。

「今度は先にご飯を食べてから舞台を観ようよ」(Action)。

自分の帰宅時間も気遣ってもらい、彼女は大喜びです。

ＰＤＣＡ、ぜひ日常生活にも使ってください！

PDCAのある恋愛・ない恋愛

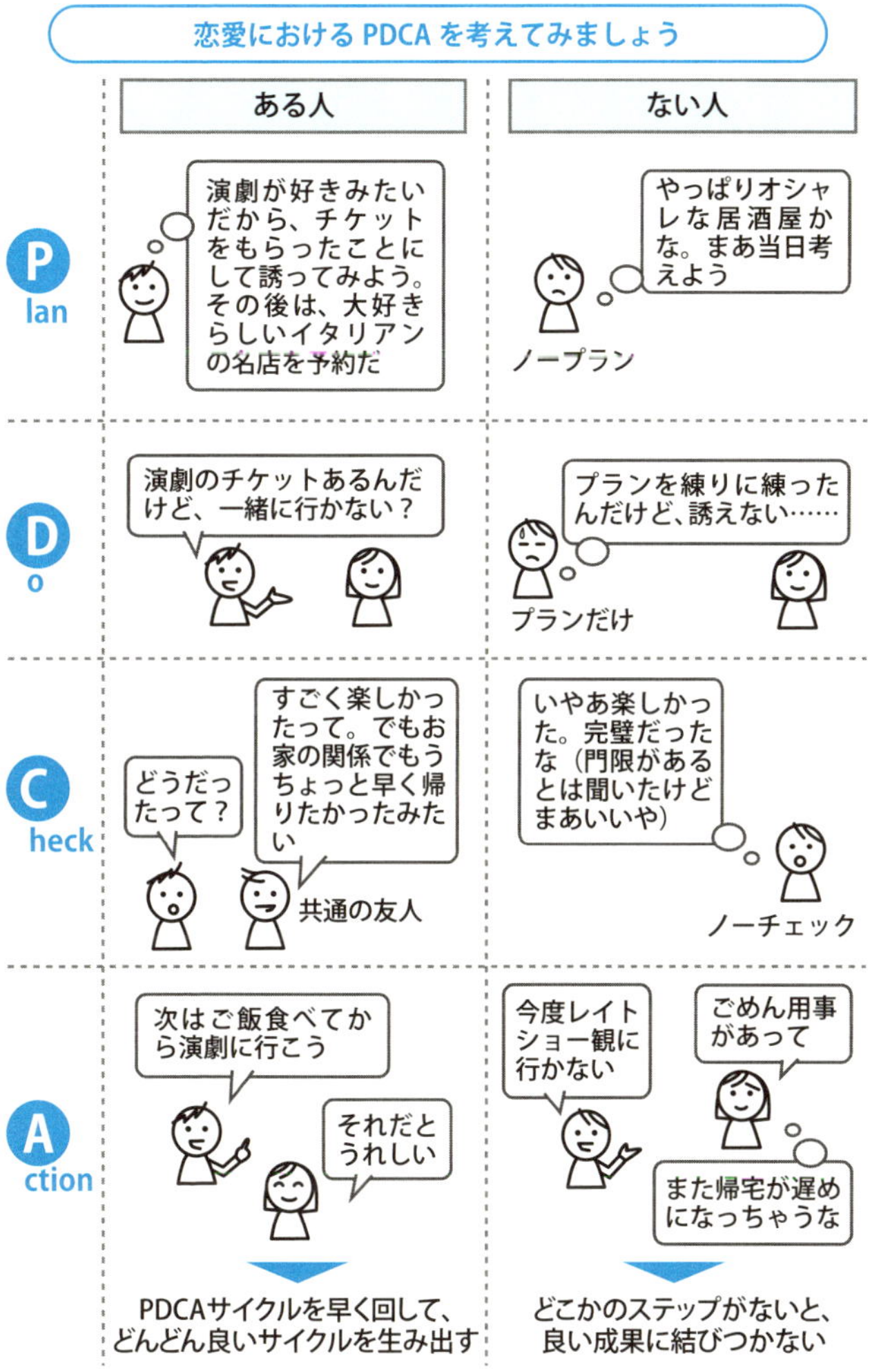

アメリカ陸軍が世界最強でいつづけられるワケ

ＰＡＲＴ４では、組織構造や権限の整理など、古い組織から新しい組織に変わるときのヒントになるフレームワークを紹介しました。

誰が、何の責任を、いつまでに全うするのか。組織運営の基礎は、第一にこのＲＡＣＩがしっかりと決まっていることです。

残念ながら、プロジェクトの多くは検討や計画はされるものの実施まで至らず、お蔵入りします。ＲＡＣＩによって責任と権限が整理されていたチームと、仲良くみんなで推進していたチーム。わたしの経験では、前者の方が、多少味気なくとも実施まで到達する可能性が格段に高かったように思います。

そして、**組織やチームにとっての永遠の課題は、環境に合わせて進化を続けなければならないこと**です。

大きな会社では、事業ごとに分けられていた組織（ＴＶ、ＡＶ、ＰＣ事業など）を、地域別（欧、米、アジアなど）の分け方に変える。野球チームでは「野手と投手」の区分を、「ベテランと若手」に変える。この組織改革に絶対的な正解はなく、その時の「環境」に合わせて、迅速に組織をつくり直し、スムーズに導入することが鍵となります。

環境の変化に合わせた組織改革を、世界最強と言われるアメリカ陸軍に見てみましょう。

きっかけは、１９９３年のソマリア紛争。

当時、最前線の部隊は、戦闘中であっても常に直属の上官への報告が義務づけられていました。報告は決められたルートでバケツリレーのように司令部に集められました。戦場の情報をすべて司令部に集中させる典型的なピラミッド構造の組織でした。

命令もすべて司令部が決定。決められた経路で伝達され、命令を待たずに行動することは禁じられていました。

93年10月3日、ソマリア民兵に米軍ヘリコプターが撃墜され、救出に向かった車両部隊が銃撃をうけて、多くの死傷者を出してしまいます。

ヘリ墜落直後から、上空の米軍偵察機からは墜落へ向かう車両部隊と民兵の動きが見えていました。しかし、規則上、偵察機から車両部隊へ直接連絡できず、墜落現場への道順は司令部および現場指揮官の乗った戦闘ヘリを経由して、車両部隊に伝えられました。そのため、「次の角を曲がれ」といった指示が微妙に遅れ、車両部隊は墜落現場の周りを迷走、地の利に長けた民兵の集中砲火の的となってしまったのです。

いたるところに敵が潜む新たな「環境」で、ピラミッド型指揮命令系統の限界が見えた瞬間でした。新しい環境では現場の兵士が状況に合わせて迅速に判断し、意思決定権限を持つことが求められたのです。ここから、アメリカ陸軍の抜本的な組織改革が始まりました。

その後、オブジェクト型（目的遂行型）と名付けられた新たな組織が発表されます。

組織図は、各部署が戦術インターネットで結びついた網のような形に変化。直属の上司を飛び越えた横のつながりも生まれました。新たな組織では、情報が全体で共有され、従来トップに集中していた権限が組織全体に散らばります。意思決定の役割を果たす兵士が前線や末端の組織にも配置されるようになりました。指令部の役割も現場を情報面で支える役割へと変化しました。

この**オブジェクト型組織の発表に使われた資料にもRACIを使用**していました。世界最強と言われるアメリカ陸軍の改革も、このフレームワークが支えていたのです。

PART5
練習問題

【練習問題】やってみよう!

プロ野球チームのチケット販売収入を増加させるには?

ここまでご紹介してきた「フレームワーク」、皆さんの理解度はいかがでしょうか?

役に立つフレームワークも、実際に自分で使ってみてはじめて価値を持ちます。何度も繰り返して使用してみることで、「どのような場面で、どのようなフレームワークを使うべきか」「どのように活用すると、効果的か」などが実感としてわかり、次第に自分の武器になっていきます。まず、練習問題に取り組んでみることで、具体的なイメージをつかんでみましょう!

課題

あなたは、国内プロ野球球団に最近入社した新入りのチケット販売担当リーダー。意気揚々と業務を開始するあなたのもとに、球団社長から早速の指示が…

「野球経営において、チケット販売はスポンサーシップ獲得と並んで最重要事業のひとつ。だが、我がチームにおいてはそのチケット販売収入が近年伸び悩んでいる。ファンの野球離れ、チーム成績の伸び悩み、ファンニーズの変化… 様々な理由が考えられるが、

- **近年の、チケット販売収入鈍化の背景・原因は何なのか? 何が課題となっているか?**
- **今後、チケット販売収入を成長させていくためには、どのような打ち手(施策)を実行すればよいのか?**

について、改めて考えたい。ぜひ、君なりの考えをまとめ、提言をしてほしい。」

新リーダーのあなたにとっては、力量を披露できる、またとないチャンス。しかし、社長から直接与えられた指示、中途半端な提案はできない。

「そうだ、この間本で読んだフレームワークを使って、考えてみるか…」

フレームワークを使ってみよう!

あなたなら どのフレームワークを使う?

思考のフレームワーク

- ☐ MECE
- ☐ 空雨傘
- ☐ WHY5回
- ☐ ロジックツリー
- ☐ 80/20

事業・プロジェクトのフレームワーク

- ☐ 3C/4C
- ☐ SWOT
- ☐ FAW
- ☐ PPM マトリクス
- ☐ ビジネス・システム

マーケティングのフレームワーク

- ☐ 4P/5P
- ☐ セグメンテーション
- ☐ ブランド・コンセプト・ピラミッド
- ☐ AIDA

組織・チームのフレームワーク

- ☐ 7S
- ☐ ウィル・スキル・マトリクス
- ☐ RACI
- ☐ 8つの無駄
- ☐ インフルエンス・モデル
- ☐ PDCA

Tips!

フレームワークは、あくまでも課題を解決するための「手段」。課題によって使うべきフレームワークも異なってきます。さて、あなたはどんな課題を検討するべき?

- **チケット収入に影響を及ぼす環境変化には、どのようなものがあるか?**
- **顧客である、野球ファン・自社球団のファンは、どのような人たちなのだろうか? 何にワクワクし、何を求めてチケットを買い、球場に足を運んでいるのだろうか?**
- **チケット販売事業は、どのような収益構造なのだろうか? 収入アップのためには、どのレバーを、どのように変化させることが効果的なのだろうか?**
- ……

コンサルタントはこう考える！

問題解決3つのステップ

① まず、課題ありき。課題設定と解き方の設計が成否を決める

どんなに優れた分析をしても、どんなに時間を使って検証をしても、最初に設定した課題が間違っていれば、それらは単なる無駄作業に過ぎません。

ロジックツリーを描く時も、一番最初の枝 =「頭のイシュー（課題）」をどのように設定するか。これが最も大事な作業です。正しく課題設定ができてこそ、どのような手順や時間軸で解いていくかを設計することができるのです。

② 常に、仮説ありき。仮説を検証し続けることで答えにたどり着く

コンサルタントは、プロジェクト参画第一日目であっても、「右か左か」「何をするべきか」の仮説を持っています。もちろん、初日ですから、業界やビジネスの理解が十分でないこともしばしば。それでも、「私はこう思う」という仮説を常に持つことが重要なのです。

日々、新しいデータや分析事実を入手するたびに、その仮説を検証、更新します。すると、そう遠くないタイミングで、新しい情報を統合しても、仮説がほとんど変わらなくなる時がやってきます。このようにして、誰よりも早く、確からしい答えにたどり着いていきます（プロジェクト初日の仮説を「Day 1 仮説」と言いますが、「Day 1 仮説」が最終的にも正しいことが意外に多いのは、不思議な事実です。）

③ そして、メッセージありき。理解・納得がなければ物事は動かない

どんなに素晴らしい分析や検討をしても、それをクライアントのキーパーソンに正しく理解してもらうことができなければ、時間をかけた分析も大量のチャートもただの紙クズ。最後に、コンサルタントが提案をプレゼンする際に気をつけているルールを3つご紹介しましょう。

1. 「ストーリーで語る」…どんな提言・提案も、論理的かつ興味を引く形で構成されていなければ、頭に残りません。伝えるべきことを、ストーリーとして書き下してから、その物語を構成する章や節を形にしていきます
2. 「『傘』から書き始める」…空雨傘のうち、最も伝えるべきは、解決策である「傘」の部分。パワーポイントなどの資料を作成するときは、まず「傘」をタイトルとして書き、その後に、それを支える分析図表や根拠（雨 / 空）を整理します。
3. 「『絵』は多くを語る」…図やグラフ、ましてやテキストだけでは、インパクトが足りないこともよくあります。そんなとき、現場で撮影した写真や動画が威力を発揮します。TV 番組のように、とまではいきませんが、ときには感動巨編に仕立てた映像だけでプレゼンを終えることもあります。

【解答例①】

FAW プロ野球：チケット事業を取り巻く環境変化（例）

技術革新
- チケットのオンライン販売の浸透。（携帯端末からも購入が可能に）
- リアルタイム試合動画配信の登場

政策・規制
- 節電対策による試合終了時間の前倒し
- 統一球導入による投高打低の発生

同業競合他社の動向
- 新設チームの登場による球界全体の盛り上がり
- チーム単体ビジネスによる限界がもたらす球界全体の収益伸び悩み

サプライヤーの変化
- 球界を代表する有望選手の海外流出
- 少子高齢化による高校野球プレイヤーの減少

業界の競争構造変化
- 野球観戦ニーズ自体は一定以上あるものの、娯楽、観戦方法、購入手段が多様化・細分化。きめ細やかな顧客ニーズの理解、取り込みが鍵

顧客ニーズの変化
- 娯楽の多様化によるニーズの細分化
- 「行きたい試合」「見たい座席」へのこだわりの増加
- 接待の縮小による法人ニーズの縮小

代替品の脅威・異業種他社との競合
- オリンピック、サッカーW杯など、他スポーツの話題の増加
- デフレ影響による、代替娯楽、飲食業界の低価格化

エンドユーザー
- 地方から首都圏への人口流入
- ワークシェアなど、働き方の多様化による休日スタイルの変化

マクロエコノミクス
- 可処分所得に占める娯楽支出の伸び悩み（ただし大幅減ではない）

Tips !

- 最も重要なのは、FAW で整理・構造化したことで見えてくる「意味合い」を考え抜くことです。
- 普段から、様々な情報にアンテナを立てて、「自分の業界・ビジネスにはどのような影響をもたらすか？」を常に考える癖をつけましょう。

【解答例②】

ロジックツリー プロ野球：チケット収入についてのツリー分解（例）

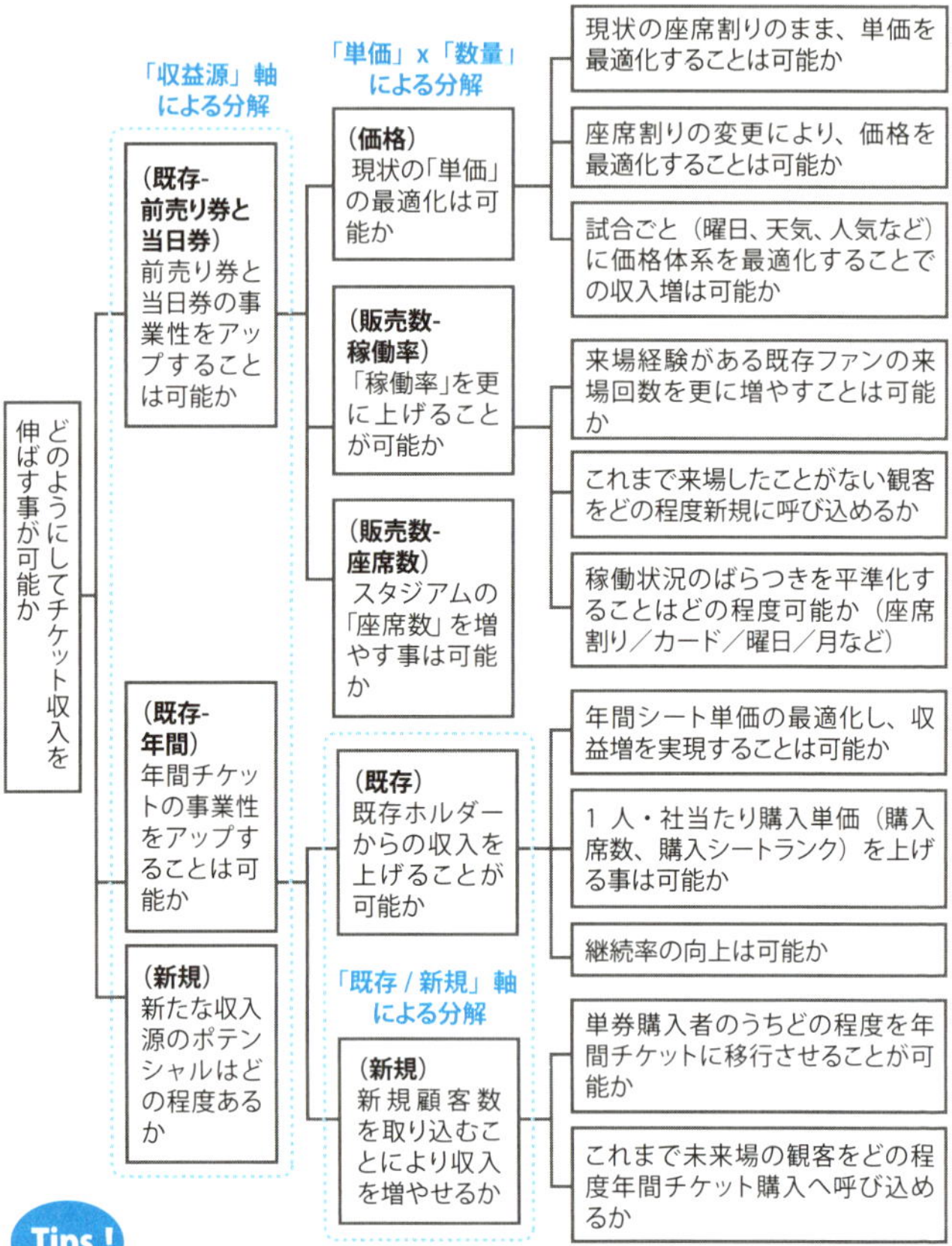

Tips！

ロジックツリーは課題の全体像を把握し、最も重要なものを絞り込むことを可能にします。「どの軸で整理・構造化するか」が、課題を正しく、「解決できるように」捉えるために重要です。色々な軸を試すことで、ツリーの精度を上げていきましょう。ツリーに「小見出し」をつける癖をつけるとMECEチェックができますよ！

【解答例③】

セグメンテーション

プロ野球：チケット販売収入アップのためのセグメンテーション（例）

デモグラフィック・ベースのセグメンテーション（例）

- 居住地
  - XXX 市内
  - 隣接市内
  - 県内
- 家族構成
  - 単身
  - 夫婦で同居
  - …
- 世帯年収
  - ～ 300 万 / 年
  - 300~500 万 / 年
  - …

行動ベースのセグメンテーション（例）

- 来場回数
  - 0 試合 / 年
  - 1-2 試合 / 年
  - …
- 来場経路
  - JRXX 線
  - 自転車
  - …
- 同伴者
  - 一人で観戦
  - 恋人と観戦
  - …
- 公休日
  - 土・日・祝
  - 平日
  - 不定期

ニーズ・ベースのセグメンテーション（例）

- 観戦座席ニーズ
  - 移動に便利な通路側席
  - 応援が楽しめる外野席
  - …
- チケット価格ニーズ
  - 年間何試合も行くから安い席
  - 最前列であれば何円でも良い
  - …

Tips !

セグメンテーションは、切り口が様々。ある一人のファン（ユーザー）であっても、状況によって、異なるセグメントに属することすらあります（例えば、普段一人で観戦するときは低価格の外野席で盛り上がりたいけれど、大好きな選手が出る試合を恋人と観に行くときは、高くてもいいから最前列で観たい、など）。ユーザーの行動やニーズについて仮説を立て、分析事実と照らし合わせましょう!

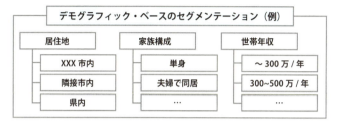

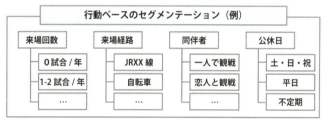

【解答例④】

4P／5P プロ野球：チケット販売収入アップのための4P（例）

Product

チケット種類・座席種類の多様化

- 60%以上のファンが希望する「キャンセル可能」「通路側指定」など付帯特典がついたチケットを提供
- 現状では、動員の10%を占める4名以上のグループ来場者が楽しめるボックスシートを設置
- 非コアファンが球場に来場しない理由の80%に挙げる「仕事が終わらない」状況に対応するため、夕方6時以降限定の「アフター・シックス・チケット」を提供

Price

価格体系の細分化

- 来場者の15%のみが新規顧客。多くの新規ファンにチケット購入・来場してもらうために、全席種を思い切った低価格で提供する試合を設定
- 土日などの来場ニーズが高い試合や、前列・カド席などの希少性が高い席は、付帯サービスをつけ、+300円～+1000円の価格で提供

Place

オンライン直販の強化

- 携帯端末、とくにスマートフォンによる販売成長率は+200%。「思い立ったときにすぐ購入」してもらえるように、携帯端末での販売を強化
- 自ら機動的なマーケティング施策が打てるよう、自社による直販を強化。公式ホームページにコンテンツを充実させ、ファンの流入を促す

Promotion

的を絞った販促の実施

- 携帯端末での購入促進のために、スマートフォン上での広告を強化
- 観戦客の40%が利用する「JRXX線△△駅」のエキナカ広告の実施
- 「チケット販売情報」ではなく「試合日程情報」をメッセージとして訴求

Tips!

数あるフレームワークの中で、最も使いやすいとも言える4P。解決すべき課題や、これまでの色々な検討結果を忘れて、いきなり解決策を4つの「P」に埋め込みがち。思いつきの施策とならないように、分析事実を元に、「何を狙った、どのような打ち手なのか」を常に意識しながら4Pで整理していきましょう。4Pで整理した後は、それぞれのPがお互いに反目しあっていないかチェックすることも忘れずに！

※本ページの数値はイメージです。実際の分析結果ではありません。

PART6
ワークシート集

空雨傘（p.20）

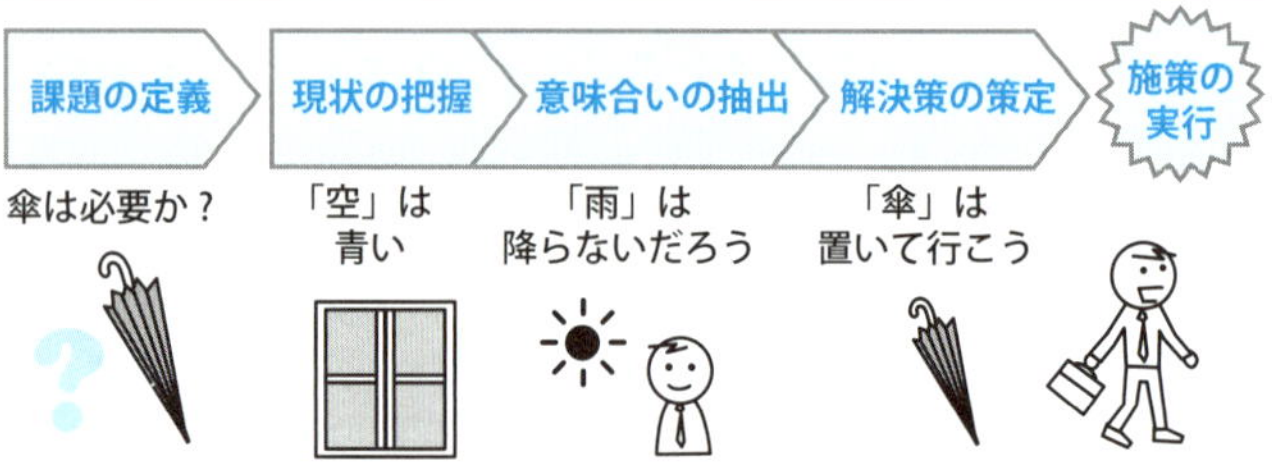

課題の設定	
空（状況）	
雨（意味合い）	
傘（解決策）	

WHY5回（p.28）

	症状の分析	打ち手
表面的な症状		
	Why?	
	Why?	
	Why?	
	Why?	
	Why?	
本質的な課題		

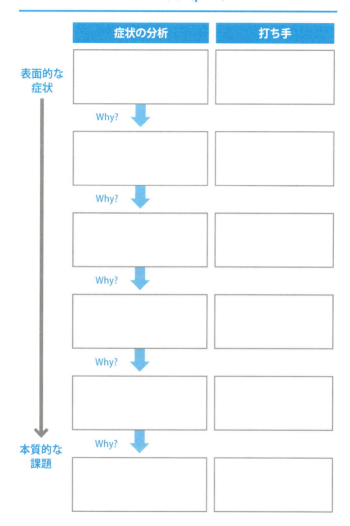

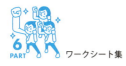

ロジックツリー（p.36）

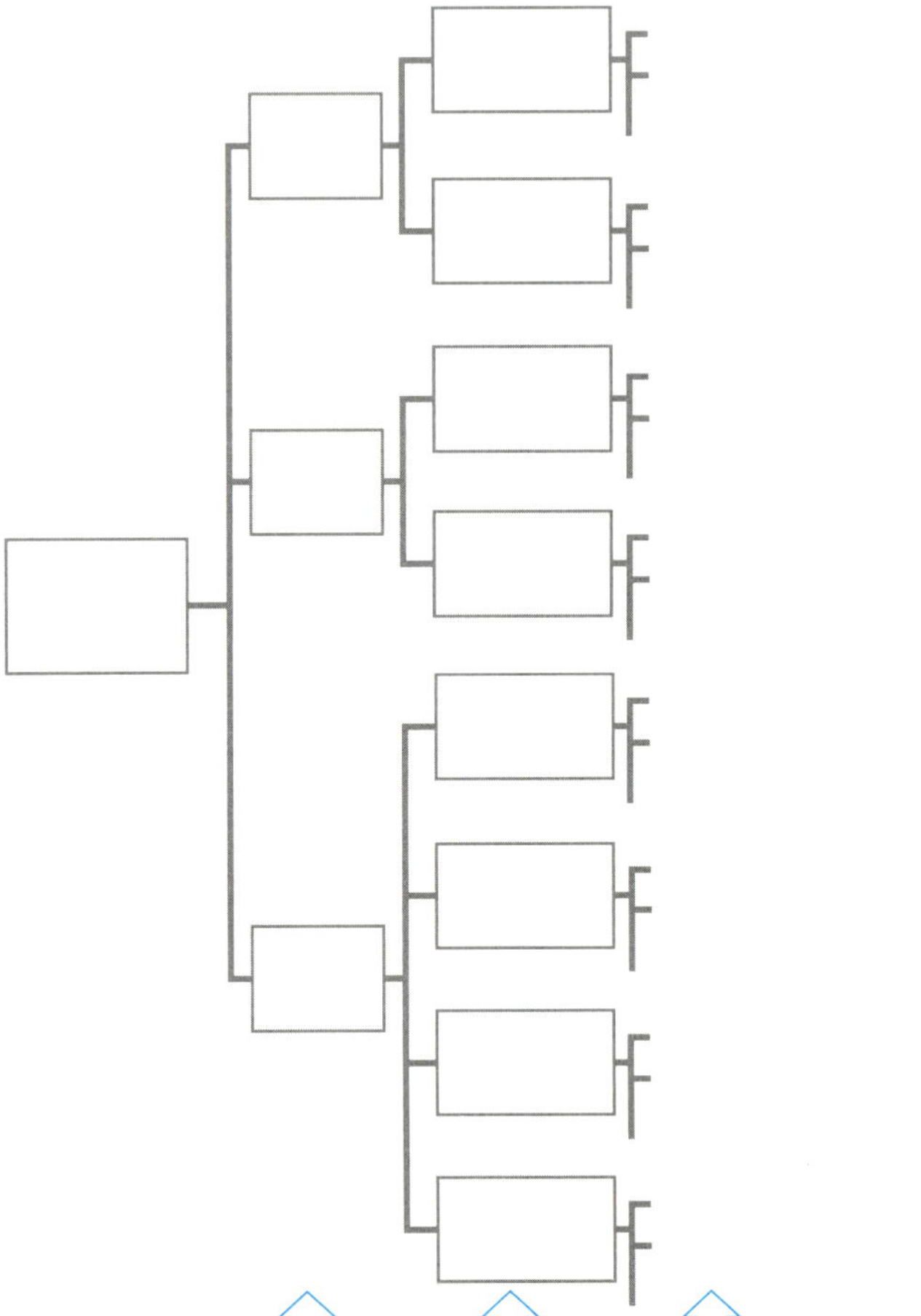

同じ階層の枝が、それぞれ MECE に構成されている

3C／4C（p.56）

Customer　顧客

Competitor　競合

Company　自社

Channel　流通チャネル

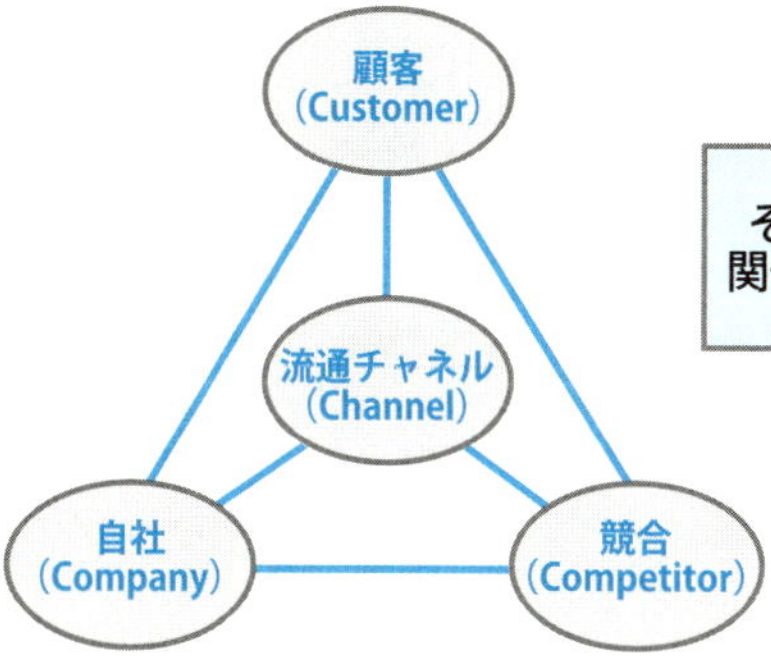

それぞれの要素間の関係にも着目しよう！

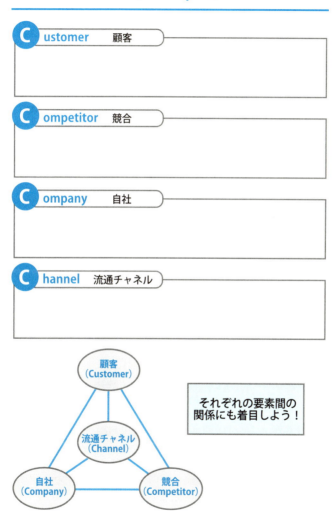

SWOT（p.64）

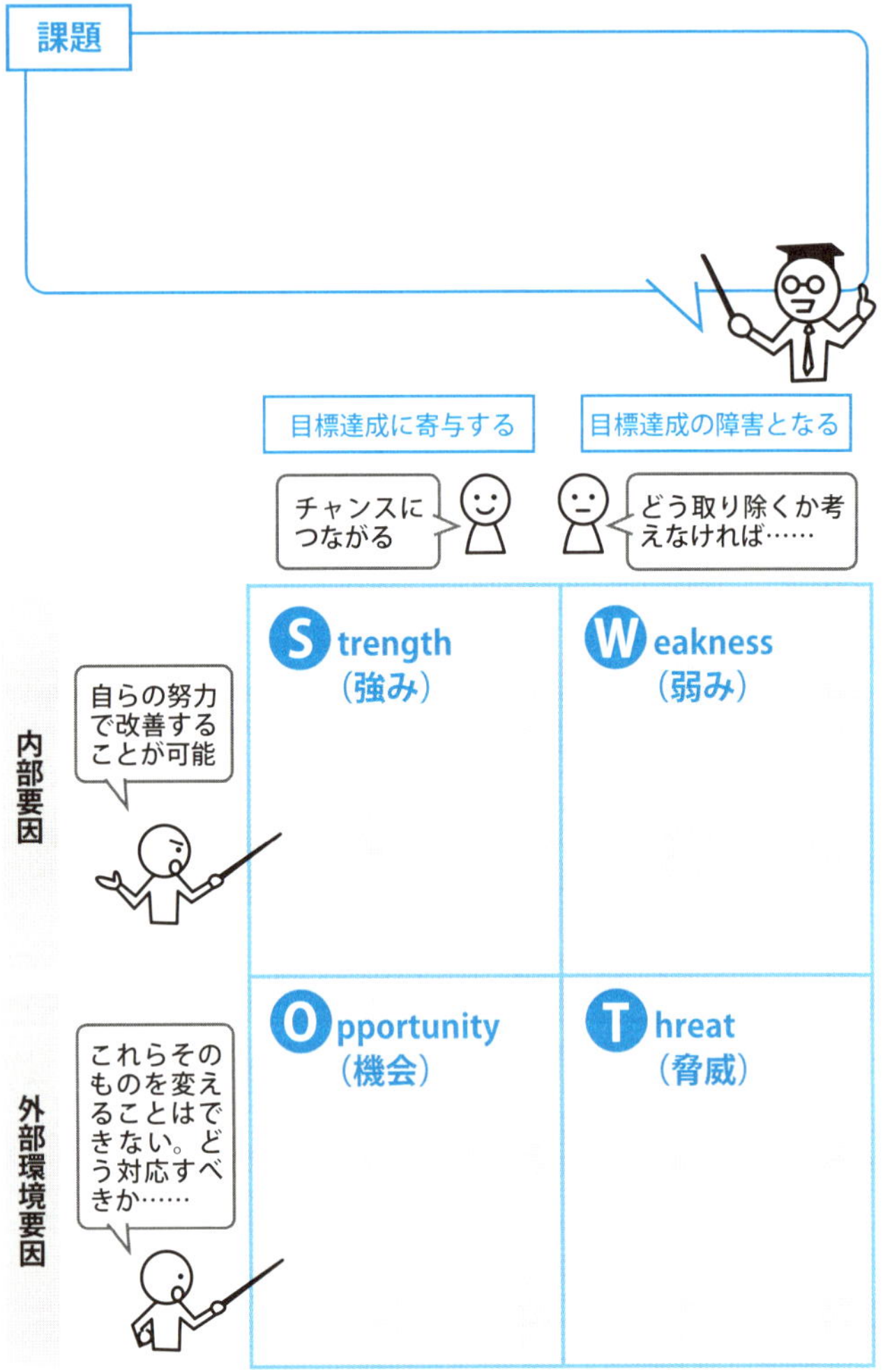

課題
目標達成に寄与する
目標達成の障害となる
チャンスにつながる
どう取り除くか考えなければ……
内部要因
自らの努力で改善することが可能
S trength（強み）
W eakness（弱み）
外部環境要因
これらそのものを変えることはできない。どう対応すべきか……
O pportunity（機会）
T hreat（脅威）

FAW（Forces At Work）（p.72）

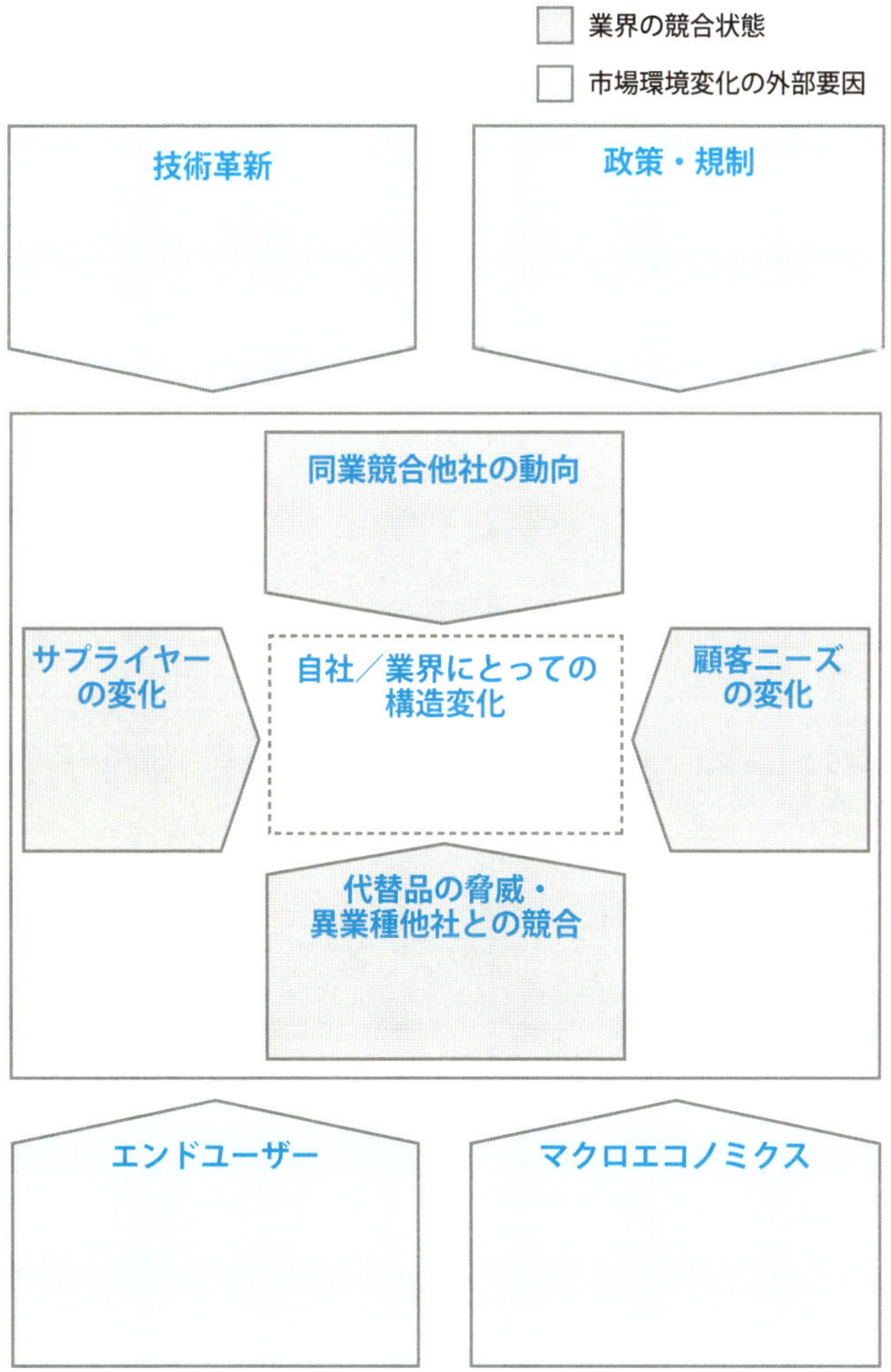

ビジネススクリーニング・マトリクス（p.83）

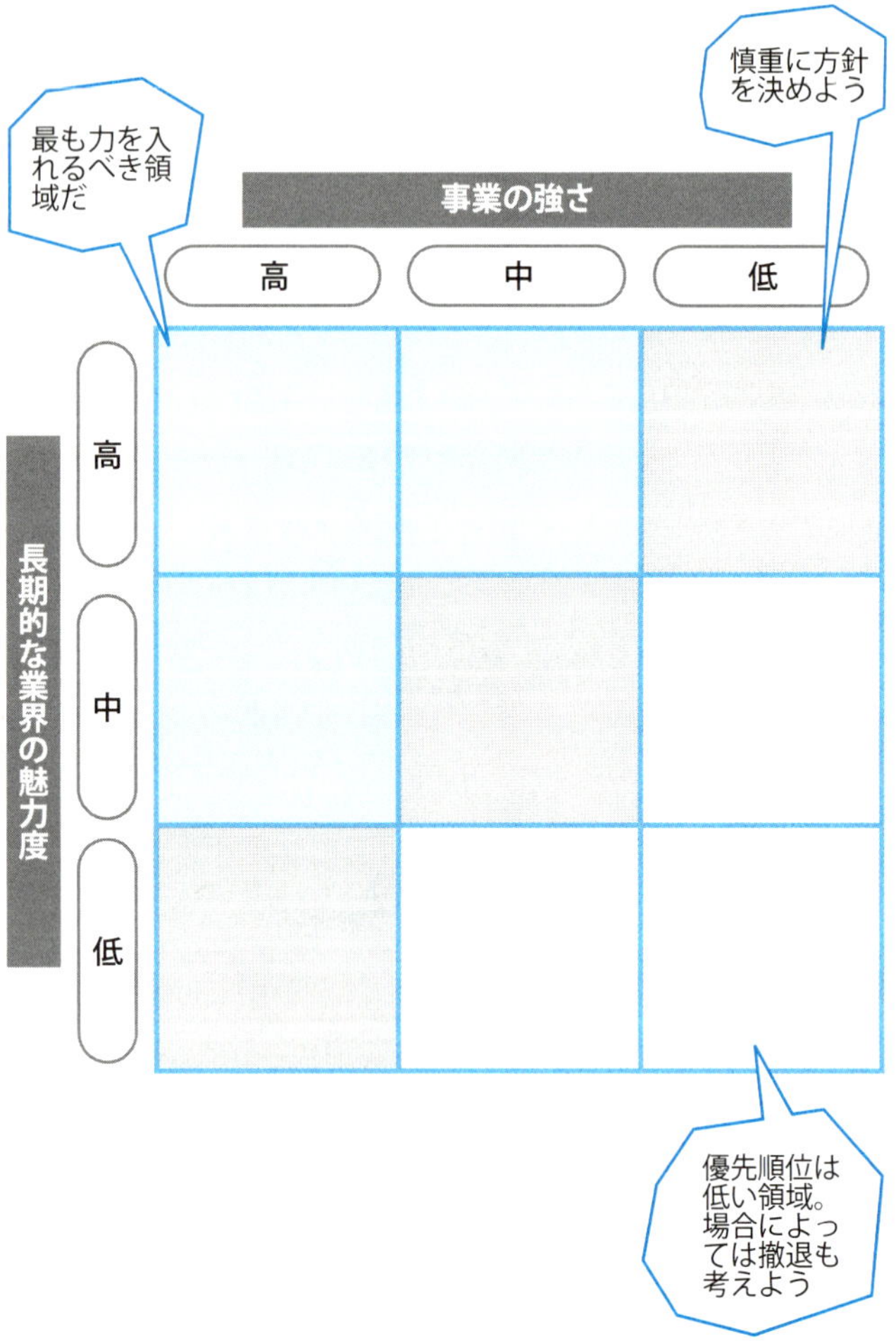

4P ／ 5P（p.100）

サービス・商品

Product 製品

Price 価格

Place 流通手段・売り場

Promotion 販売・販促方法

セグメンテーション（p.108）

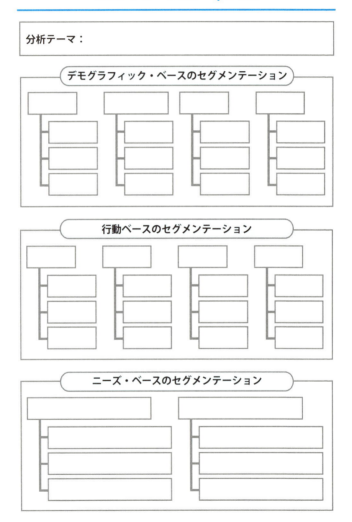

分析テーマ：

デモグラフィック・ベースのセグメンテーション

行動ベースのセグメンテーション

ニーズ・ベースのセグメンテーション

ブランド・コンセプト・ピラミッド（p.116）

コア・カスタマー

コア・バリュー

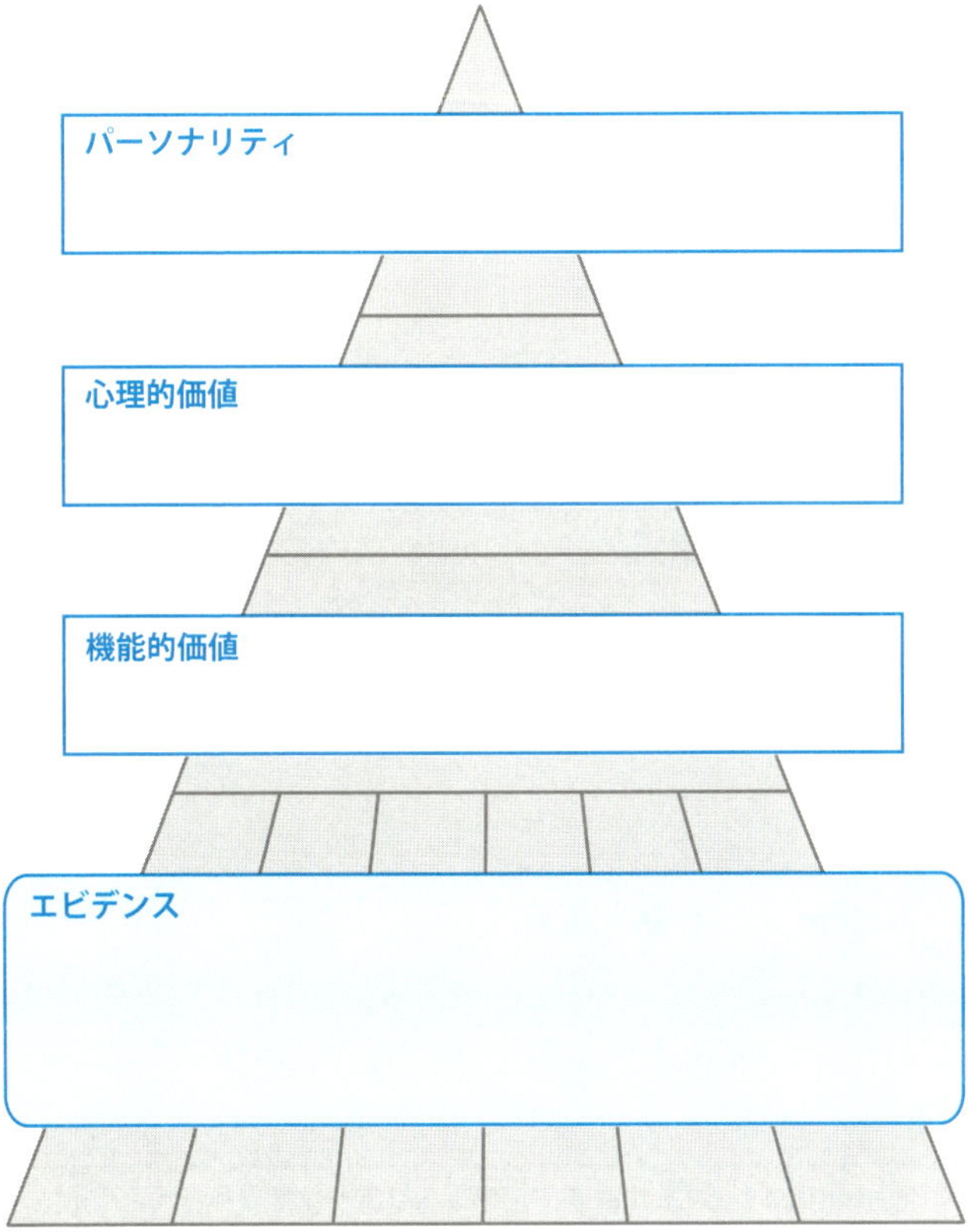

AIDA（p.124）

テーマ

A ttention　注意・注目・認識

I nterest　興味・関心

D esire　欲望

A ction　行動・購買

Attention からAction まで、きっちり誘う仕組みを考えよう！

7S（p.136）

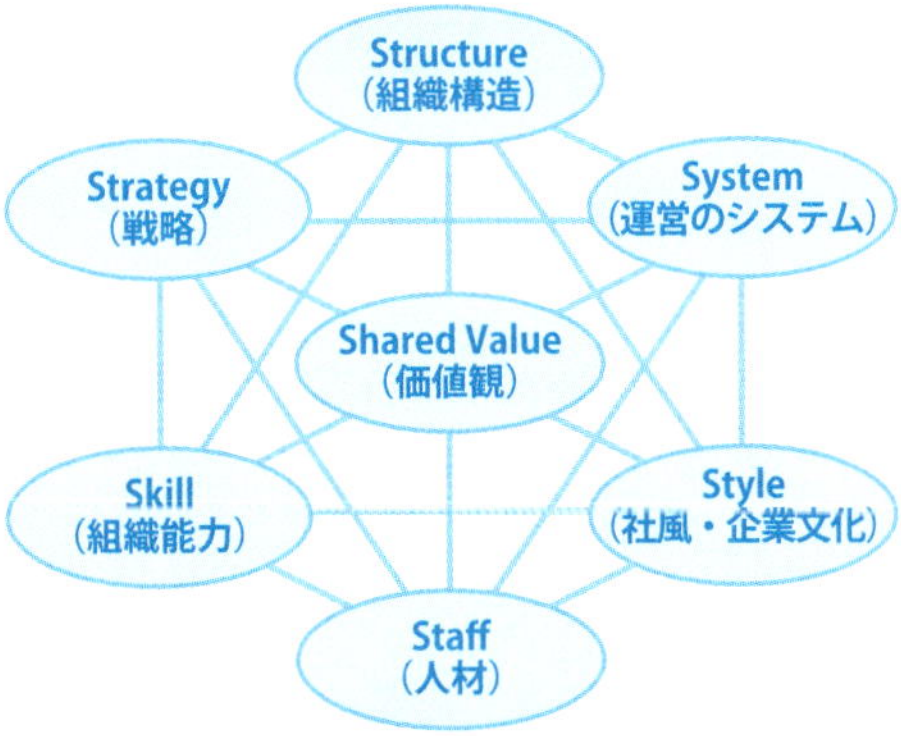

価値観（Shared Value）	
戦略（Strategy）	
組織能力（Skill）	
組織構造（Structure）	
運営のシステム（System）	
人材（Staff）	
社風・企業文化（Style）	

ウィル・スキルマトリクス（p.144）

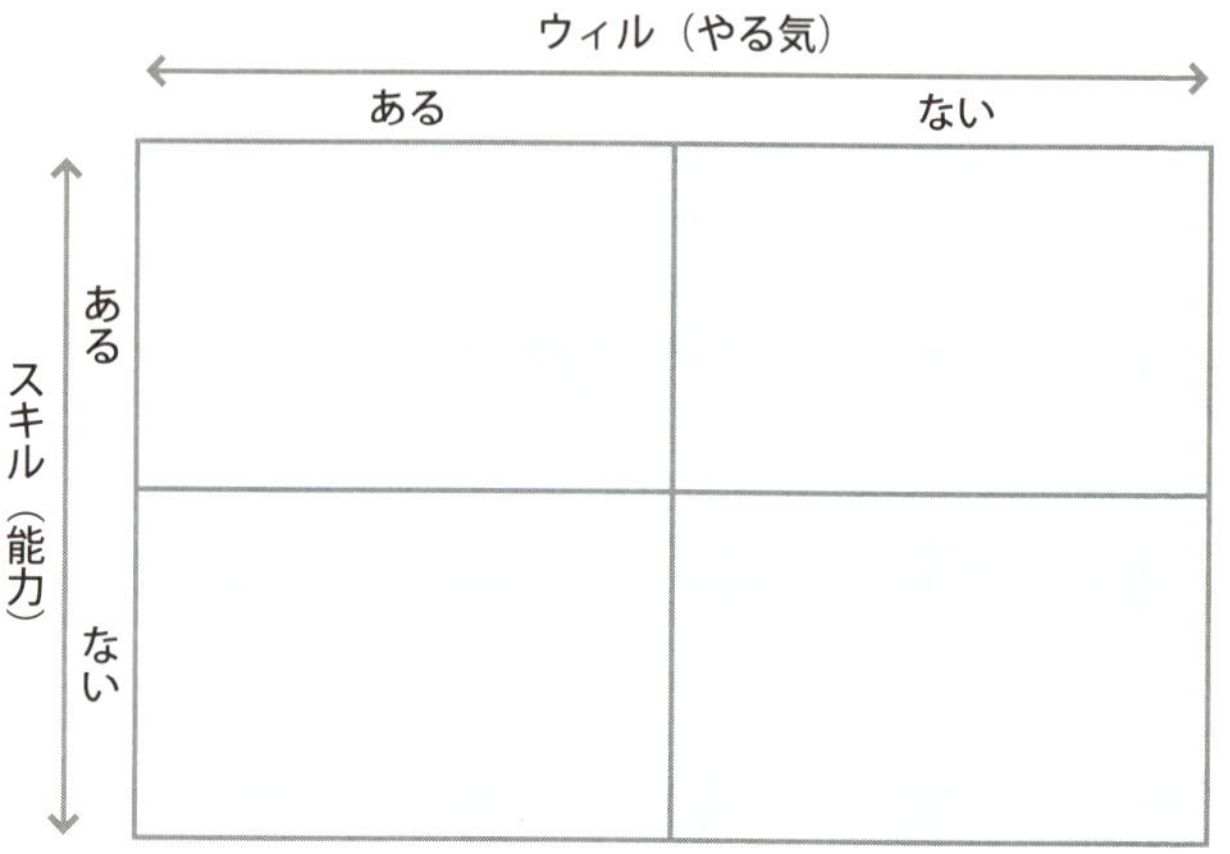

ウィル・スキルマトリクスによる打ち手の方向性

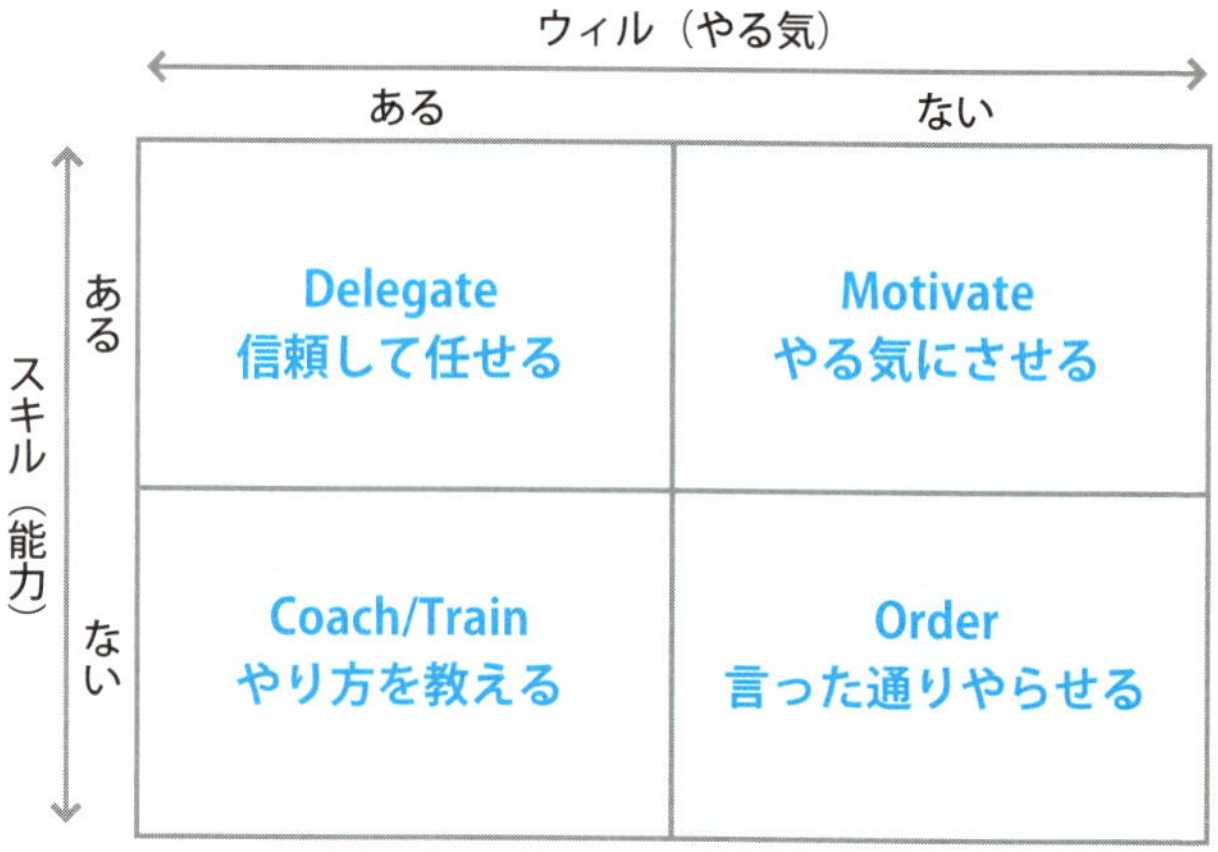

RACI（p.152）

プロジェクト名

Responsible　実行責任

Accountable　説明責任

Consulted　相談対象

Informed　情報提供対象

8つの無駄（p.160）

	テーマ	テーマ
❶ 過剰生産		
❷ 在庫		
❸ 待機		
❹ 不要な運搬		
❺ 不要な動作		
❻ 過剰サービス		
❼ やり直し		
❽ 知性		

インフルエンス・モデル（p.168）

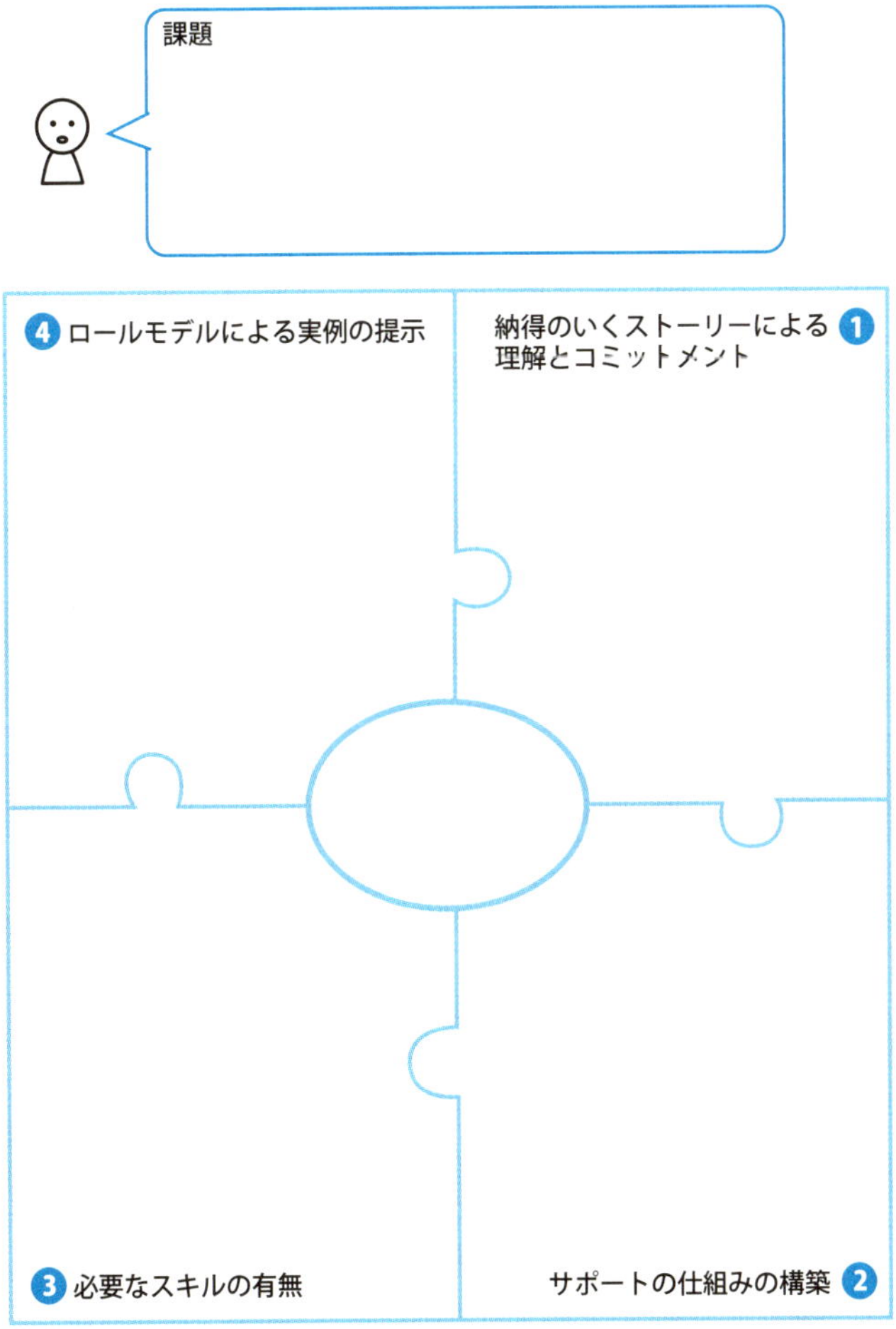

あとがき

この本でご紹介した20のフレームワークは、定番中の定番です。10年以上、コンサルティングを続けていますが、この20のフレームワークの中のどれかは、わたしが参加したプロジェクトで、必ず使われました。自分の考えを整理するために、あるいは自分の考えをわかりやすく相手に伝えるために使われています。

大切なのは、フレームワークを覚えて、使いこなすことではなく、自分の考えをしっかりと「考える」時間を持つことです。

これらのフレームワークは、その時間の効率アップをしてくれる道具だと思ってください。考えを広げてくれますし、深めてくれる道具です。

20のフレームワーク全部を使えるようにならなくてもかまいません。思考の仕方の章で紹介したものをベースに、自分の明日の仕事に役立ちそうなフレームワークを各章からピックアップして、実践してみてください。2度3度使ってみることにより、そのフレームワークの便利さを感じることができると思います。

そして、同じ1時間だとしても、「考える」時間が増え、考えを「整理する」時間が減っていくことを実感できると思います。

プロの「思考」選手として考えるフォーム改造をし、織田信長のように冷静に状況を把握し、野村監督のように用意周到な戦略を立て、アメリカ陸軍のような最強の実行力を身につけてください。

読者の皆さまの、そんな「考える」力をこれらのフレームワークが引き出してくれるはずです。

最後に、この本の執筆に協力してくれた株式会社フィールドマネージメントの宮崎雅則、松居健太、柴田陽、朝倉祐介、特に、タイトなスケジュールのなか巻末の練習課題を作成してくれた松居健太に、この場を借りて、感謝します。

株式会社フィールドマネージメント代表　並木裕太

この書籍は2012年7月に刊行された同名書籍（B5判）をリサイズ・再編集したものです

図解 新人コンサルタントが最初に学ぶ
厳選フレームワーク20

発行日　2016年　2月　20日　第1刷

Author　株式会社フィールドマネージメント
Supervisor　並木裕太

Book Designer　岸和泉／寄藤文平　杉山健太郎（文平銀座）
DTP　株式会社アスラン編集スタジオ
本文デザイン　move／株式会社アスラン編集スタジオ

Publication　株式会社ディスカヴァー・トゥエンティワン
〒102-0093　東京都千代田区平河町2-16-1 平河町森タワー11F
TEL　03-3237-8321（代表）
FAX　03-3237-8323
http://www.d21.co.jp

Publisher　干場弓子
Editor　井上慎平＋大竹朝子

Marketing Group
Staff　小田孝文　片平美恵子　吉澤道子　井筒浩　小関勝則　千葉潤子　飯田智樹
佐藤昌幸　谷口奈緒美　山中麻吏　西川なつか　古矢薫　米山健一　原大士
郭迪　松原史与志　蛯原昇　安永智洋　鍋田匠伴　榊原僚　佐竹祐哉
廣内悠理　安達情未　伊東佑真　梅本翔太　奥田千晶　田中姫菜　橋本莉奈
川島理　倉田華　牧野類　渡辺基志
Assistant Staff　俵敬子　町田加奈子　丸山香織　小林里美　井澤徳子　藤井多穂子
藤井かおり　葛目美枝子　竹内恵子　清水有基栄　川井栄子　伊藤香
阿部薫　常徳すみ　イエン・サムハマ　南かれん　鈴木洋子　松下史

Operation Group
Staff　松尾幸政　田中亜紀　中澤泰宏　中村郁子　福永友紀　山﨑あゆみ
杉田彰子

Productive Group
Staff　藤田浩芳　千葉正幸　原典宏　林秀樹　三谷祐一　石橋和佳　大山聡子
堀部直人　林拓馬　塔下太朗　松石悠　木下智尋

Proofreader　文字工房燦光
Printing　大日本印刷株式会社

ISBN978-4-7993-1841-6